Ivy Liu So Ling, Martin Mak, Sandra Hon Yu

Cambridge IGCSE®
Chinese as a First Language

Teacher's Resource

CAMBRIDGE
UNIVERSITY PRESS

University Printing House, Cambridge CB2 8BS, United Kingdom

One Liberty Plaza, 20th Floor, New York, NY 10006, USA

477 Williamstown Road, Port Melbourne, VIC 3207, Australia

314–321, 3rd Floor, Plot 3, Splendor Forum, Jasola District Centre, New Delhi – 110025, India

79 Anson Road, #06–04/06, Singapore 079906

Cambridge University Press is part of the University of Cambridge.

It furthers the University's mission by disseminating knowledge in the pursuit of education, learning and research at the highest international levels of excellence.

Information on this title: www.cambridge.org/ 9781108434966

© Cambridge University Press 2018

This publication is in copyright. Subject to statutory exception and to the provisions of relevant collective licensing agreements, no reproduction of any part may take place without the written permission of Cambridge University Press.

First published 2018

20 19 18 17 16 15 14 13 12 11 10 9 8 7 6 5 4 3

Printed in Great Britain by CPI Group (UK) Ltd, Croydon CR0 4YY

A catalogue record for this publication is available from the British Library

ISBN 978-1-1084-3496-6 Paperback

Cambridge University Press has no responsibility for the persistence or accuracy of URLs for external or third-party internet websites referred to in this publication, and does not guarantee that any content on such websites is, or will remain, accurate or appropriate. Information regarding prices, travel timetables, and other factual information given in this work is correct at the time of first printing but Cambridge University Press does not guarantee the accuracy of such information thereafter.

IGCSE® is a registered trademark.

All examination-style questions, sample mark schemes, solutions and/or comments that appear in this book were written by the author. In examination, the way marks would be awarded to answers like these may be different.

....

NOTICE TO TEACHERS IN THE UK
It is illegal to reproduce any part of this work in material form (including photocopying and electronic storage) except under the following circumstances:
(i) where you are abiding by a licence granted to your school or institution by the Copyright Licensing Agency;
(ii) where no such licence exists, or where you wish to exceed the terms of a licence, and you have gained the written permission of Cambridge University Press;
(iii) where you are allowed to reproduce without permission under the provisions of Chapter 3 of the Copyright, Designs and Patents Act 1988, which covers, for example, the reproduction of short passages within certain types of educational anthology and reproduction for the purposes of setting examination questions.

目录 Contents

单元一 谁言寸草心   1
Topic 1   Social relationships

1.1   描述与叙述   1
      Narrative

1.2   议论与讨论   6
      Argumentative

1.3   指导写作及文言文   9
      Directed writing and Classical Chinese

单元二 此心安处是吾乡   13
Topic 2   Home town

2.1   描述与叙述   13
      Narrative

2.2   议论与讨论   17
      Argumentative

2.3   指导写作及文言文   21
      Directed writing and Classical Chinese

单元三 千古风流人物   23
Topic 3   Historical and heroic figures

3.1   描述与叙述   23
      Narrative

3.2   议论与讨论   28
      Argumentative

3.3   指导写作及文言文   31
      Directed writing and Classical Chinese

单元四 只缘身在此山中   35
Topic 4   Natural landscapes and travelling

4.1   描述与叙述   35
      Narrative

4.2   议论与讨论   38
      Argumentative

4.3   指导写作及文言文   42
      Directed writing and Classical Chinese

目录 Contents

单元五 格物致知 46
Topic 5 Virtues and attitudes to studying

5.1	描述与叙述	46
	Narrative	
5.2	议论与讨论	49
	Argumentative	
5.3	指导写作及文言文	53
	Directed writing and Classical Chinese	

单元六 诸子百家 56
Topic 6 Chinese philosophers

6.1	描述与叙述	56
	Narrative	
6.2	议论与讨论	59
	Argumentative	
6.3	指导写作及文言文	62
	Directed writing and Classical Chinese	

单元七 快乐泉源 65
Topic 7 Happiness: leisure, arts and sports

7.1	描述与叙述	65
	Narrative	
7.2	议论与讨论	69
	Argumentative	
7.3	指导写作及文言文	72
	Directed writing and Classical Chinese	

单元八 生活小百科 75
Topic 8 Everyday life

8.1	描述与叙述	75
	Narrative	
8.2	议论与讨论	78
	Argumentative	
8.3	指导写作及文言文	81
	Directed writing and Classical Chinese	

学生作业参考答案 84
Workbook answers

简介 Introduction

廖素玲　麦庭峰　韩羽

概要

　　《IGCSE中文第一语言》教科书主要是针对剑桥国际普通中学教育文凭考试0509中文为第一语言课程而编写的。所有教学活动的设置是为了提升学生的语文水平，以及应付考试。本书广泛地采用了不同时代与地域的作品作为范文，包括中国内地、台湾、香港、新加坡和马来西亚等。

教师用书如何配合学生用书？

　　教师用书为老师提供多元化的教学建议。建议老师参考书内提供的教学活动，以达到事半功倍的教学效果。书内也推荐了一些有用的教学辅助材料，如图片、电影推介、海报和视频等。此外，教师用书更会提供学生用书和练习册的参考答案。

内容编排

　　本教材分为八个主题，而每个主题又分三个单元。第一单元集中训练记叙方面的阅读和写作能力；第二单元是议论文；第三单元是指导写作、文言文练习和考试练习题。

写作技巧

　　写作技巧部分提供清晰的解释和具体的例子，对老师和学生来说都是有用的补充材料。学生可以通过阅读和写作练习来提升文学的分析技巧。

文化

　　体会文化无疑是学习语言的重要一环，本书加入了不少有关中国文化的趣闻。通过阅读这些趣闻，可以增强学生对中文的理解和文化底蕴的认识。

简介 Introduction

学生如何利用本教材备考？

学生用书、教师用书和练习册都是根据剑桥国际普通中学教育文凭考试0509中文为第一语言的新课程而编写的。书中文学分析的部分为学生日后的学习打好基础。在每个单元结束后都附有考试练习题让学生熟悉考题形式。书中又有小提示为学生提供适切的协助。

如何使用练习册？

学生可以利用练习册里的练习进一步延伸和巩固课堂所学。练习册主要分为两部分：第一部分是语文运用和艺术手法分析，学生可以在做练习的过程中复习单元中所学的写作手法。第二部分除了有阅读理解和指导写作外，还提供了配合学生用书的文言文阅读理解练习。

单元一 谁言寸草心
1.1 描述与叙述

学习目标

知识部分
- 理解借事抒情、气氛渲染和行动描写的定义及艺术效果
- 理解反语、反复的定义及其艺术效果
- 认识《二十四孝》的故事

技能部分
- 准确理解、识别作者运用借事抒情所抒发的情怀
- 掌握文章的中心思想及所抒发的感情
- 分析《背影》和《目送》两者相似的感情
- 运用借事抒情的技巧来写作文章
- 以口语形式叙述一件与父爱或母爱有关的事情
- 准确理解、识别孟郊的《游子吟》所抒发的亲情

引言

这一单元收录了两篇与亲情有关的经典作品。第一篇朱自清的《背影》，写爸爸对自己无微不至的关怀，感人至深。第二篇龙应台的《目送》，写亲情随着时间的流逝总会慢慢离你而去，那种无奈深深地感动了无数的读者。这两篇虽以"行动描写"和"气氛渲染"作为学习目标，老师应与学生一起体会作者在文中所抒发的情怀。

文章一、朱自清《背影》

教学建议

教学前学生先以"背影"图片作引入，引起学生的联想，说说自己的故事和感受。如果学生有自己的摄影作品的话，不妨跟大家分享。老师亦应鼓励学生回家先行预习，然后完成判断对错的练习。

朱自清的《背影》虽为一篇记叙抒情文，但是作者的描写功夫也是非常深厚的。老师应特别与学生探讨作者在描述父亲为他买橘子时，是如何刻画父亲行动吃力的情景，并认识行动描写这个描写手法。

文章的另一特色是使用反语。作者悔疚当时不懂得父亲对自己的关爱，以"那时真是太聪明了"来表示自己的愚笨。

练习答案

导入问题

2
- a 错
- b 对
- c 对
- d 错
- e 错
- f 对

导读问题

1. 作者的祖母死了、父亲的差使交卸了。
2. 性格开朗。例子：父亲说，"好在天无绝人之路！"。
3. 要变卖典质、借钱办丧事、父亲赋闲在家。
4. a 作者当时觉得父亲说的不好，自己的话会说得更好。
   b 反语，两个都是指自己当时太笨，没有珍惜父亲对自己的关爱。
5. 父亲再三嘱咐茶房，甚是仔细；他终于不放心，决定还是自己送"我"去火车站；父亲忙着和脚夫讲价钱；父亲给"我"拣定了靠车门的一张椅子；给"我"做了紫毛大衣。
6. 这一情节不能删掉，作者详细地描写父亲吃力为他买橘子的过程，表现出父亲对"我"关怀备至的一面。
7. 父亲蹒跚地走到铁道边，慢慢探身下去，爬上月台时要用两手攀着上面，两脚再向上缩，他肥胖的身子向左微倾，显出努力的样子。
8. 作者运用对比，表现出父亲年老凄凉的一面。
9. a 爸爸担心茶房照顾不妥贴，因此显得有点迟疑不决。
      表现出父亲关心作者的一面。
   b 反复叮嘱、吩咐
      突出父亲恐怕茶房对作者照顾不周。

课堂活动（一）

1. 描写了父亲为自己买橘子而吃力地爬过月台。

2. 因父亲的关怀备至而感动落泪。
3. 写与父亲离别时，作者看见父亲的背影混入人群里，再也找不到。
4. 抒发对父亲依依不舍之情。
5. 收到父亲的来信，知道他健康越来越差，因而想起当天父亲临别的背影。
6. 写对父亲的思念，及对父亲健康的忧虑。

因材施教

学生多元才能发展 (multi-intelligence)
课堂活动（二）
摄影展览——"背影"

为照顾学生不同的才能发展，老师可以举办一个摄影展览，邀请学生以分组形式，分工合作，有人以图像说故事，有人为照片写一段感人至深的文字，也可以让学生以戏剧的方式作行为艺术表演，充分展现学生不同的才能。老师可以把这个活动扩展到全级或全校，以比赛的方式鼓励学生参加。

文化

老师可以结合孟郊的《游子吟》和朱自清的《背影》，分析两篇作品中：
1. 父／母亲对孩子关怀备至的表现
2. 儿子的感情

挑战题

学生于挑战题中需要完成一篇评论。先要充分理解李广田的评语，在引言中指出朱自清《背影》的特色是感情自然，文字朴实，然后分三个部分做分析。从行文立意来讲，作者特意选了几个情节来描写父爱，"背影"这个不可追的意象也是很感人的。作者语言朴实，用字精确，写家里满院狼藉，写父亲蹒跚去为他买橘子。《背影》成功地运用了借事抒情、行动描写手法来抒发自己对父亲的爱。

文章二、龙应台《目送》

教学建议

《目送》是龙应台《目送》一书的点题之作，自出版以来深深感动读者，成为现当代文学的名篇。老师可引导学生结合《背影》一文思考，朱自清写的"背影"跟龙应台所写的有没有相似之处。

《目送》在结构上使用了间隔反复，有两段是一样的。老师可与学生讨论作者使用这个手法的用意，学生也可以提出自己的看法，评价手法是否运用得宜。文章善用气氛渲染，写邮筒、写沉沉的暮色，都与抒发的感情有关，老师也应该跟学生多做探讨。

小提示

老师在指导学生阅读龙应台的《目送》时，可以以图表的方式（见下图）显示课文的结构，让学生更容易理解。

儿子	事件1	事件2	事件3	我慢慢地、慢慢地了解到，所谓父女母子一场，只不过意味着，你和他的缘分就是今生今世不断地在目送他的背影渐行渐远。
父亲	事件1	事件2	事件3	

练习答案

导入问题

1.
   a 华安第一次上幼儿园。
   b 华安到美国做交换生一年，作者送他到机场。
   c 华安二十一岁上大学。
   d 作者第一次在大学上班，父亲用他那辆运送饲料的廉价小货车长途送她。
   e 父亲在医院，要以轮椅代步。
   f 父亲逝世。

2.
   a 眼睛注视着离去的人。"目送"还是"背影"：学生言之成理便可。
   b 反复，让读者印象更深刻。

导读问题

1. 怯怯的眼神、打量着周遭。
2. 第一次：不舍，作者虽然与孩子已有一段距离，但是他的视线和作者凝望的眼光仍然隔空交会。第二次：失望，作者一直在等候儿子回头跟母亲说再见，但是一次都没有。
3. 勉强忍受母亲的深情；作者等候他消失前的回头一瞥，但是他没有，一次都没有。
4. 营造孤独的感觉。
5. 除了指作者目送儿子越走越远以外，指的也是关系越来越疏远。
6. a 父亲送作者到大学上班，停在侧门的窄巷边是觉得很歉疚，觉得自己没有配得上送大学教授的车子。
   b 作者心里很难受，觉得父亲其实没做错什么事情。
7. 作者营造了一个悲凉的气氛，衬托出当时父亲在医院时的情况。
8. a 父亲当时已经离世。
   b 作者以下雨营造了一个凄凉的气氛，并以对比，指出炉门虽然离她不过五米，但是与父亲已阴阳两隔，气氛凝重。
9. 无可奈何的感情。
10. a 华安第一天上学时感到不安，眼睛不停打量四周。
    表示父母亲给了华安安全感。
    b 即使在穿梭纷乱的人群里，作为母亲总能非常清楚地认出自己的孩子。
    作者对于自己的孩子十分关注和留意。
    c 作者跟孩子的关系越来越远，好像深海一样没法看得清楚。
    表示二人的关系慢慢地疏离，距离越来越远。

挑战题：引导问题

1. 《背影》中的父爱
   - 父亲因为事忙，本已说定不送作者，但是最终不放心，还是决定自己送他去。
   - 他再三嘱咐茶房，甚是仔细。
   - 他给作者拣定了靠车门的一张椅子。
   - 他给作者做了一件紫毛大衣。
   - 他嘱作者路上小心，夜里要警醒些，不要受凉。
   - 虽然吃力，仍然要给作者买橘子。

2. 《目送》中的父爱
   - 到大学报到第一天，父亲用他那辆运送饲料的廉价小货车长途送作者上班。
   - 父亲没有把车开到大学正门口，而是停在侧门的窄巷边，因为他觉得自己十分愧疚，没有能力买一辆能配上大学教授的车子。

3. 相似的地方
   - 关怀备至——每一件事情都是从作者的角度出发，两个父亲都把最好的留给自己的子女。
   - 无微不至——每一件事情都想得很周到。

4 适合形容作者体会的词语
- 感动。
- 感到父爱的伟大。
- 内疚。
- 父爱无处不在。

参考答案

1 一
2 亲情
3 叙事抒情
4 一

写作

因材施教

对不少学生来说，写作文的一个难点是文章的开头方法。以下是几个可以让学生参考的方法：

1 **回忆法**：学生可以参考《背影》的开头方法，运用回忆的方式追叙往事，然后再引入正题的写法。

2 **联想法**：学生运用与主题有关的人、事、物或景，联想到主题，引出题意，如鲁迅在《风筝》中由北京冬季天空中的风筝联想到故乡早春二月时节的放风筝，然后再从风筝想到儿时往事。

3 **比喻法**：把主题比喻成其他东西，比如张晓风在《木棉花》中以男性来比喻木棉花，"所有开花的树看来都该是女性的，只有木棉花是男性的。"

1.2 议论与讨论

学习目标

知识部分
- 理解总分、首尾呼应的定义及艺术效果
- 认识比喻论证、举例论证和引用论证的定义及艺术效果
- 理解对偶的定义及艺术效果
- 认识"五伦"的概念

技能部分
- 运用比喻论证、举例论证和引用论证撰写文章
- 准确讲解成语故事和古诗词的内容

引言

本单元会探讨"情"的文化,包括亲情、友情和爱情。学生研读两篇关于友情的议论文,从而理解何谓真正的友谊及交友之道。余光中以幽默的笔法道出四种类型的朋友的特点;而梁实秋则以古今中外名人的例子说明友谊的真谛及维系友谊的法则。所谓近朱者赤、近墨者黑,年轻人要慎重交友,希望同学们能从两篇文章得到一些启示,并学以致用。

文章一、余光中《朋友四型》

教学建议

老师可以通过讲解中国传统社会中"五伦"的概念,并引入对朋友这一伦的讨论。朋友对于年轻人塑造人格有重大影响,我们可以对不同类型的朋友进行描述,从而更深切地了解自己对朋友的要求以及与朋友的关系。

小贴士

这个单元介绍了比喻论证、引用论证和举例论证。建议老师在教授课文之前先简单讲解一下三种论证手法,指导学生完成导入问题,并在寻找过程中认识各种论证手法。要写好一篇议论文,掌握论证手法是最基本的,学生们必须从研读文章的过程中意识到这一点,并时刻提醒自己。

练习答案

导入问题

1.
   a 知识丰富,人格高超,缺乏幽默感。
   b 没有学问,有趣味(低级趣味为主)。
   c 没有学问,没有趣味,没有自知之明。

2. 略

导读问题

1. d

2. 被别人选作朋友，是别人对你的尊重和信任；但如果被不能令你"喜出望外"的朋友选中，就不是一件值得高兴的事。

3. 朋友。

4. a 高级而有趣。

   b 朋友是一面镜子，东坡先生本身就是一个高级而有趣的人，所以他的朋友的境界也差不到哪里去。

5. 第二型朋友缺乏幽默感，活泼不起来，而且趣味很窄，跟别人的接触面广不起来，所以尽管他知识丰富，人格高超，但跟他交往也像吃苦药一样，虽然对个人修养有帮助，但却不是一种享受。

6. 打球和滚雪球。

7. 极富娱乐价值；世界上任何话题他都接得下去；最会说话；拥有世界上全部的常识。

8. "之"指第四型朋友。全句意思：我不愿意结交第四型朋友。

课堂活动

1. 《论语》所说的益友是正直、有诚信和见闻广博的人，这与《朋友四型》中所描述的第一型和第二型是相似的，他们是人格高超的。《论语》中所说的损友是那种玩弄手腕、阿谀奉承和花言巧语的人，与《朋友四型》中所描述的第三型相似，他们最会说话，美言沁人心脾。

2. 进行劝诫，希望可以改造这位朋友；远离他，免得受影响；或其他合理的想法。

文章二、梁实秋《论友谊》

教学建议

《论友谊》这篇文章思路清晰，举例充分。建议老师从成语及诗歌入手，让学生认识古代的友情故事，这些故事可以是图像化，也可以是老师生动的讲解，先提起学生的兴趣。这篇文章出现了许多著名人物，从古人身上学习交友之道，比起泛泛而谈来得实际，学生更可从中思考如何选择"益友"。

这个单元介绍了两种章法结构，分别是总分与首尾呼应。文章的结构反映了作者的逻辑思路，所以我们必须先拟好大纲，设定一篇文章的结构，才能写出有条不紊、思路缜密的作品。

因材施教

《论友谊》一文引用了许多古今中外名人的故事及言行来加强说服力，建议老师分组让学生进行资料搜集，把能力强的学生分配到不同的组别，协助能力稍逊的学生，一方面可以照顾能力差异，另一方面可以训练学生间的协作能力，培养良好的团体生活态度。

练习答案

导入问题

1. a 三论——《论老年》、《论友谊》、《论责任》——被视为古代散文之杰作。《论友谊》中提出友谊的基础是美德。

b "有三个朋友是最忠实可靠的——老妻，老狗和现款。"（一种很悲观的看法，似乎想说世上并没有真正的朋友。）

c 与东汉光武帝刘秀是同学，汉武帝曾经召严子陵到宫中相见，晚上并睡同一床，严子陵睡觉时更把脚放在刘秀腹部。（这说明友谊没有因为身份而变更）

d "神圣的友谊之情，其性质是如此的甜蜜、稳定、忠实、持久。可以终身不渝，如果不开口向你借钱。"（神圣的友谊绝对不能出现金钱纠葛）

2 双方地位平等、心境相近、双方要保持距离、双方要慎规劝、共快乐等等，言之成理即可。

导读问题

1 因为处于末世将乱的年代，大家都没有心思谈友谊。

2 我不会作了皇帝就变得高高在上，不念旧友。

3 D

4 妻子既然都"老"了，自然没有能力背叛，带有一点幽默感。

5 臭味相投。

6 好朋友不易得。

7 不应该牵涉到钱银，因为一旦有了利益关系，友谊就不纯正了，而且，也很容易因为金钱而发生纠葛。真正的朋友会在你有需要的时候出手相助，哪怕是上刀山下油锅，区区一点钱不能阻隔真正的友谊。

8 自己先要明辨是非才能规劝别人、不可当着第三者面作出规劝、不可在对方情绪不宁时为之，适可而止，不要纠缠不休。

1.3 指导写作及文言文

学习目标

知识部分
- 理解文言虚词（与、而、者、也）的意义和用法
- 认识偏义复词的定义和用法
- 了解古代的友情故事

技能部分
- 准确理解、综合并分析两篇文章的不同观点
- 识别题目的关键词，准确从课文中找出相关的词句回应

引言

单元一第三部分会通过阅读两篇短文来探讨家长教育孩子的方法。虎妈蔡美儿在其作品《我在美国做妈妈》里提到两个女儿都必须遵从她定下的十大家规，学生对此有不同的意见，老师可带领学生进行讨论，甚至进行一场辩论。《管宁割席》及《伯牙绝弦》两篇都是有关古代友情故事的名篇，学生可以从中理解到古人择友的条件。

指导写作

教学建议

老师可以从不同方面开展虎妈这个话题，在网站上不难找到有关虎妈蔡美儿的资料，包括电视、杂志访问等。老师可让学生思考虎妈成名的原因，其教育方法的利与弊，以及对其他家长的影响。本部分要求学生看完两篇短文后归纳出要点，并完成一篇网络文章。如果学生不熟悉网络文章的格式或用语，老师宜先做介绍或提供范文作参考。

因材施教

老师宜鼓励学生阅读《我在美国做妈妈》的中文版，然后跟同学分享读后感。

练习答案

导入问题

1　严格的父母
2　略
3　略

指导写作参考答案

1

	美国	中国
教育方法一	太多的选择权	太少的选择权
优	可以做自己喜欢的事	较有纪律
劣	需要更多的纪律和训练	没有太多的时间做读书之外的事情
教育方法二	培养发表意见的能力	擅长背诵的能力
优	能有自信地表达自己的意见	成绩非常好
劣	背诵的能力较弱	没有发表意见的能力
教育方法三	家长是孩子的朋友	家长像是教练一样
优	永远以爱为出发点支持孩子的决定	一直鼓励、推进、甚至强迫选手挑战自己的极限以克服惰性
劣	出现惰性	过于严格
教育方法四	自由发展	锲而不舍地在一旁检讨、督促、激励
优	比较自由	通过一些行为如奉茶水、扇凉、绑鞋带等表现支持与关爱
劣	较少尝试挑战自己的极限	有时要求过高

2

a
- 外国孩子有较多选择权可以做自己喜欢的事。
- 外国孩子需要更多的纪律和训练。
- 中国孩子得到较少的选择权，没有太多的时间做读书之外的事情。

b
- 中国孩子较有纪律。
- 外国孩子发表意见的能力较强。
- 外国孩子背诵的能力较弱。
- 中国孩子擅长背诵。
- 中国孩子成绩非常好。
- 中国孩子发表意见的能力较弱。

c
- 外国家长是孩子的朋友。
- 外国家长永远以爱为出发点支持孩子的决定。
- 外国孩子有可能出现惰性。
- 中国家长像是教练一样。
- 中国家长会一直鼓励、推进、甚至强迫选手挑战自己的极限以克服惰性。
- 中国家长有时过于严格。
- 外国家长让孩子自由发展。
- 中国家长会锲而不舍地在一旁检讨、督促、激励。
- 中国家长会通过一些行为如奉茶水、扇凉、绑鞋带等表现支持与关爱。
- 除非天生有过人的毅力，我们都需要教练来克服惰性。

文言文

教学建议

《管宁割席》及《伯牙绝弦》两篇文言文都跟友情有关。老师可引导学生思考古人这些择友条件在今天的社会里是否仍适用，学生亦可在此基础上作古今对比。这部分除了会继续介绍文言虚词外，还会介绍复词偏义。

因材施教

这部分设有一道挑战题，让学生参考《伯牙绝弦》的结构与句型，仿作一篇文言文。能力稍逊的学生可把这个练习视为填充题；能力较高的学生可以参考单元一及单元二的文言文部分，为这篇仿作增加一些额外的内容。对于学习动机强的学生，老师可以让他们读《伯牙学琴》作为阅读的延伸活动。除此以外，老师还可以介绍"高山流水"的成语故事及明代小说家冯梦龙根据《伯牙绝弦》而创作的《俞伯牙摔琴谢知音》。

❗ 小提示

歌手王力宏曾把《伯牙学琴》的内容摇身变为流行曲的歌词，其中用了大量古典意象。老师可以播放这首歌曲，引起学习动机，并借此说明优秀的作品是历久不衰的。王力宏在编曲上大量融入古筝的弹奏来表现古代的意境，将听众带入伯牙的心境，体会音乐艺术的无穷魅力。歌曲中出现的古筝弹奏不仅精彩、动听，也让这首歌更加活灵活现地穿越古今。

练习答案

导读问题

1 D

2 管宁。

3 A 差别。
  B 出去。
  C 分开。
  D 曾经。

4 管宁：仍旧挥动锄头，跟看见瓦石没有分别。／继续读书。

  华歆：拾起金子，然后又把它扔掉。／放下书本，出门观看。

5 是一个淡泊名利、不事权贵、读书专心致志的人。

6 看见地上有一块金子，管宁挥动锄头，与看见瓦石没有分别。

7 D

8 应该选择志同道合的朋友，并慎重交友。

考试练习题参考答案

1 她老了，身体不好，走远一点就觉得很累。

2 a 当作者说应该多走走，母亲便信服地点点头，去拿外套。

  b 因为年纪大了，一切都依靠和听从儿子。

3 连续反复／顶真。

4 不可以，因为"熬"字突出了母亲身体不好，好不容易才过了这一个冬天，表现了作者的孝敬之心和珍惜与她相聚的时光。

5 生命。
6 表示现场有两对母子。
7 暗示伴随母亲的时日不多。
8 对偶。
9 伴同他的时日还长。
10 关爱和迁就家人。
11 "我蹲下来，背起了母亲，妻子也蹲下来，背起了儿子。""我和妻子都是慢慢地，稳稳地，走得很仔细，好像我背上的同她背上的加起来，就是整个世界。"

12 a 本想让家人各得其所，但始终不愿与家人分开。
   表达了不舍之情。
 b 面对两难时，宁愿委曲儿子，因为伴同他的时日还长。
   表示作者为了长辈宁愿委曲儿子。
 c 在作者夫妻两人的背上都是他们的至亲。
   亲情比世界上任何东西都重要。

单元二 此心安处是吾乡
2.1 描述与叙述

学习目标

知识部分
- 认识借事抒情、借物抒情的定义及艺术效果
- 理解比喻、反问的定义及其艺术效果

技能部分
- 解读文章的中心思想及所抒发的感情
- 准确识别、分析借事抒情、借物抒情的手法
- 恰当运用借事抒情或借物抒情的技巧来撰写文章
- 准确理解、分析并评价与乡愁相关的诗作

引言

学生在本单元会学习两篇有关"家"与"乡土情怀"的文章：余光中《从母亲到外遇》及琦君《水是故乡甜》。通过研习以思乡为主题的作品，探讨中华文化中的乡土情怀，并反思其背后的意义。在学习范文的过程中，学生将学习借事抒情及借物抒情的叙事手法。另外本单元会介绍比喻和反问两种修辞法，最后以唐代著名诗人杜甫的《春望》作结。

本单元的写作手法焦点是借事抒情与比喻。学生可能在初中阶段就已经接触过这两种技巧，所以有能力辨识及做简单分析。如果老师发现大部分的学生已经掌握，可以让学生从网上多找一些例子跟同学分享。

文章一、余光中《从母亲到外遇》

教学建议

在开始授课前老师可先以填充题引起学生的学习动机与联想："_____是母亲，_____是妻子，_____是情人，_____是外遇"，为之后的小组活动做准备。老师可安排学生尝试自己阅读课文并完成导入活动的练习。

因材施教

在教授比喻修辞手法时老师宜循序渐进，先从明喻入手。本文开首用的是暗喻，如果学生觉得这句暗喻难以明白，老师可用较简单的暗喻句导入。

暗喻

例句1："母亲啊！你是荷叶，我是红莲。"冰心《往事》

（"你"、"我"是本体，"荷叶"、"红莲"是喻体。）

例句 2："树缝里也漏着一两点路灯光，没精打彩的，是渴睡人的眼。"朱自清《荷塘月色》（"树缝里漏着的一两点灯光"是本体，"渴睡人的眼"是喻体）

小提示

本单元介绍了明喻与暗喻，另外借喻也是非常常见的比喻手法之一。借喻是以喻体来代替本体，本体和喻词都不出现，直接把本体说成喻体。借喻由于只有喻体出现，所以能产生更含蓄的表达效果，同时也使语言更加简洁。

例句 1："无论读什么书，总要多配几副好眼镜。"胡适《读书》
（喻体是"眼镜"，以"多配几副好眼镜"比喻多掌握几门别科的学识。主体"学识"不出现。）

例句 2："落光了叶子的柳树上挂满了毛茸茸亮晶晶的银条儿"峻青《第一场雪》
（喻体是"毛茸茸亮晶晶的银条儿"，主体"柳枝"不出现。）

练习答案

导入问题

1 略
2 1 中国南京
   2 二十岁
   3 到台湾
   4 四十八岁
   5 回家乡
   6 台湾

导读问题

1 a 大陆是母亲，台湾是妻子，香港是情人，欧洲是外遇
   b 比喻
2 （壮士登高叫她做）九州岛，（英雄落难叫她做）江湖
3 离开祖国
4 从男友变成丈夫再变成父亲；从青涩的讲师变成沧桑的老教授；从投稿的"新秀"变成写序的"前辈"。
5 台北、高雄
6 海峡
7 母亲（大陆）与妻子（台湾）不断争辩。
8 因为作者为香港写了不少诗和美文去赞美她的惊艳盛时。
9 粤腔九音；简体字
10 a 殖民地；文化沙漠
    b 对文化领袖蔡元培的离世下半旗，表示并非文化沙漠。
11 a 中国人这身份是与生俱来的，像胎记一样。
    作者中国人的身份是怎么也不能消除的。
    b 面对母亲与妻子争辩时，难以兼顾两边。
    面对大陆与台湾发生争执时，作者难以顾全双方。
    c 知道这"希望"是天真的，不太现实，不容易实现。
    要解决这"矛盾"不是一件易事。
    d 面对此情此景，作者觉得来晚了。
    比喻作者此时已感觉年老。

文章二、琦君《水是故乡甜》

教学建议

老师可以向学生提问如果"酒是故乡醇,茶是故乡浓"那么"水"应该是"是故乡____"。跟文章二有关的活动除了阅读理解外,还有互动口语,学生会访问家人、朋友、邻居、学校的外籍教师或家中佣人有没有思乡病及思念家乡的原因。综合众人的意见,再结合个人经验后,跟同学分享对"思乡"情怀的体会。收集回来的资料可以用作写作材料。

在第二篇文章中,学生将学习借物抒情及反问两种手法。老师可让学生比较借事抒情与借物抒情的异同。在学生作业里有本单元学过的所有修辞练习,学生应尽可能完成以巩固知识。

杜甫是唐代最有名的大诗人之一,《春望》更是脍炙人口的名作。本单元以此作结,让学生体会古人爱国念家之情。

因材施教

杜甫《春望》为唐代诗歌,对于一些平日较少接触文言文的学生来说,在理解方面可能会较困难,建议他们先看注释,再细阅诗歌。甚至让学生先自行上网查找杜甫的生平及时代背景,有助理解诗意。

文化

杜甫《春望》创作背景

天宝十四年(755年)十一月,安禄山起兵叛唐。次年六月,叛军攻陷潼关,唐玄宗匆忙逃往四川。杜甫闻讯只身一人投奔肃宗朝廷,结果不幸在途中被叛军俘获,困居长安,后因官职卑微才未被囚禁。至德二年757年三月,身处沦陷区的杜甫目睹了长安城一片萧条零落、满目荒凉的景象,百感交集,便写下了这首传诵千古的名作。

杜甫《春望》赏析

《春望》全篇情景交融,托物言志,感情深沉,而又含蓄凝练,言简意赅,充分体现了"沉郁顿挫"的艺术风格。这首诗的前四句写春日长安凄惨破败的景象,饱含着兴衰感慨;后四句写诗人挂念亲人、心系国事的情怀,充溢着凄苦哀思。诗人在此明为写景,实为抒情,为全诗营造了气氛。这首诗格律严整,颔联分别以"感时花溅泪"应首联国破之慨,以"恨别鸟惊心"应颈联思家之忧,尾联则强调忧思之深导致发白而稀疏,对仗精巧,声情悲壮,表达了诗人的爱国之情。

练习答案

导读问题

1 其他饮料价钱贵;不解渴;矿泉水喝起来清清淡淡,别有滋味。

2 a 开头写矿泉水,自然地引出故乡的山泉,用异乡的矿泉水反衬故乡泉水的天然。

   b 真正的矿泉水来自山泉,含有丰富的矿物质,有益健康。

3 将矿泉水倾入杯中煮开,冲一杯锡兰红茶来喝。

4 老师可启发学生从成长角度去探讨这问题，文中的"底子"可理解为自我的装备，"以后出门在外，才会承受得住异乡的水土"象征着异乡的挫折与冲击，只要装备好自己才能面对日后的冲击。（学生能言之有理即可）。

5 含的矿物质多。

6 味道淡淡的，不像后来的汽水那么甜得不解渴；我因为爱"弹珠汽水"这个名称；以及开瓶时把弹珠一压的那点儿情趣。

7 a 外国的矿泉水全都是一瓶瓶装起来卖钱；而作者记忆中故乡的矿泉水则是随处都有的，行路者渴了便双手从溪涧中捧起来喝，源源不绝，也不用付钱。

　b 如果是天然的，却又取自何处深山溪涧呢？实在令人怀疑。

8 "但只要是故乡的茶叶，喝起来也会有一股淡淡的甜味吧"，甜不是因为水或茶叶，而是因为与家乡的联系。作者这样说是因为故乡的水能解乡愁，令游子的心能得到慰藉。

9 说明父亲不论是处于顺境还是逆境，都没有改变热爱家乡的感情。

10 作者借本文抒发思乡之情，运用了借物抒情的手法。

11 a 作者称赞"人穷志不穷，家穷水不穷"这句俗语说得好。

　　对这句话表示非常赞同。

　b 在作者的脑海中总是想起昔日那副笨拙的样子。

　　表达怀念之情。

互动口语
教学建议

学生在进行访问前应该先预设好访问的问题，除了教科书内建议的访问内容，学生还可以自设一些题目以丰富访问活动的内涵和深度，如受访者如何排解思乡之苦。

因材施教

设计题目时应由浅入深，从简单直接的问题开始。尽可能多采访不同背景的对象，收集多方面的资料。至于有余力的同学，希望他们能设计较有深度和具启发性的题目。

写作
教学建议

有些学生对"思乡"这题目的认知会比较模糊，因为有可能是土生土长的本地人，亦有可能从没有离开这个"家乡"，因此难以体会"思乡"之苦。这类学生应该参考在互动口语活动中收集回来的资料，并以此作为写作的材料。

2.2 议论与讨论

学习目标

知识部分
- 理解描述说明、数字说明和对比论证的定义及效果
- 理解排比和引用的定义及其艺术效果
- 认识"荆轲刺秦王"的故事

技能部分
- 理清主旨和文章深层意义
- 通过访问家人或朋友，探究移民的原因、利与弊等
- 以杂志文章的形式谈谈对移民的看法

引言

本单元会继续与学生探讨"家"与"乡土情怀"。学生先研读老舍的《我的理想家庭》，然后第二篇是一篇关于"移民不移民"的议论文，作者以过来人的经验，给读者一个又一个的理由，最后以荆轲易水一去不复返作结，写来老气横秋，让人感慨万分。

文章一、老舍《我的理想家庭》

教学建议

老师可以在讲解课文之前，先跟学生探讨中国文化中"理想的家庭关系"应该是怎么样的。学生可以运用图像、引述俗语等方法来表达，同时老师可以以小组讨论的方式使课堂活起来。

本单元的写作手法焦点是描述说明和数字说明，老师应在教课文之前跟学生讲解这两者的区别。在一开始的讨论活动中，学生已能不自觉地运用描述说明和数字说明，老师可引导学生思考具体描述和运用数字的好处，并带出这两种手法的名称。学生在研习课文时，必须有意识地找出作者在哪里运用了这两种手法。

因材施教

在分析课文时，一些学生可能对于图表方式比较容易接受，老师可以让学生在课后用"鱼骨图"来分析这一篇课文，把文中的结构弄个明白。以下是一个例子，具体可由老师或学生来设计：

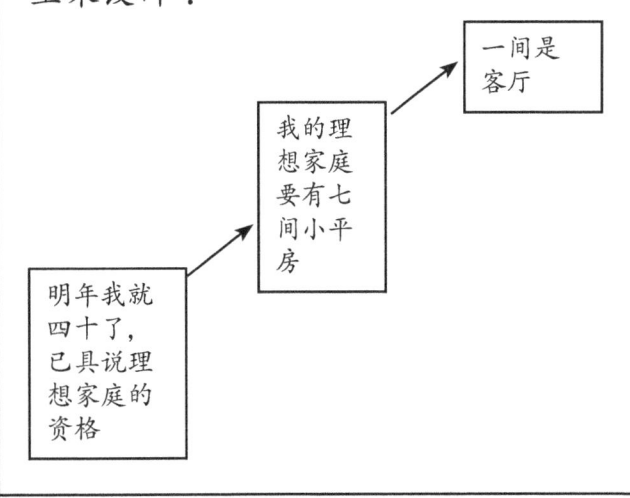

练习答案

导入问题

1 略

2 略

3 **a** 家里有作者、他的妻子、一个儿子和一个女儿。

b 家中不要电话，不要播音机，不要留声机，不要麻将牌，不要风扇，不要保险柜。

导读问题

1 结婚既是爱的坟墓、家庭根本上是英雄好汉的累赘。

2 似乎天地之间，唯我独尊。

3 货车比较实际，中年人"领略够了人情世故"。"火车"和"货车"也是谐音。

4 只要几张很舒服宽松的椅子；在这个床上，横睡直睡都可以，不论怎睡都一躺下就舒服合适，好象陷在棉花堆里，一点也不硬碰骨头。

5 **a** 一张书桌，桌面是中国漆的，放上热茶杯不至烫成个圆白印儿。

b 我的理想家庭要有七间小平房：一间是客厅，古玩字画全非必要，只要几张很舒服宽松的椅子，一二小桌。

6 作者爱好清静的居住环境。

7 男：擦地板与玻璃、打扫院子、收拾花木、给鱼换水、给蝈蝈一两块绿黄瓜或几个毛豆、上街送信买书。

女：做饭、做点针线。

8 每天写点诗或小说、给儿女教画图、唱歌、跳舞、文字和手工之类。

文章二、佚名《选择的负担——我们为什么要移民》

教学建议

第二篇文章与"移民"这个话题有关。对于中国的学生，这个话题已经不是什么新鲜事。从香港九七回归前的移民潮，到中国这几年移民海外的现象，很多人都在讨论这个话题。课本的第一个活动是小组讨论。学生先看一张与移民有关的图片，然后一起讨论移民的目的是什么。有人认为移民可以解决问题，老师亦可以让学生发表自己的意见，培养个人的思考和表达能力。

文章的主要写作手法有两个。第一是对比论证，就是在论证时作者把两种事物加以比较、对比后，指出它们的相异之处，使自己的论点更言之成理。另一个是引用。文中引用了荆轲易水一去不返与移民相提并论，老师宜引导学生多认识故事背景，再评价以此作比较是否合适。

除了传统的阅读教学，本课还建议电影欣赏和"寻找他乡的故事"这两个活动。前者以喜剧的方式探讨了这几年中国人移民的动机，后者让学生更主动地去探究不同人的移民动机。

小提示

不是每一个学生都会对"移民"这个话题有共鸣。要引起学习动机，老师可以在教课文前播放跟移民有关的视频，让学生感受当事人的感受。如果在班上有同学有相关经验，也可以让他们亲身分享。

练习答案

导入问题

1-4 略

5 a 指某些群体（如女性和少数族裔）晋升到高级及决策阶层的障碍。正如玻璃一样，它虽然没有明文规定在那里，但却实实在在存在着。

　　b "海归"指的是海外留学归国的人，谐音为"海龟"。

导读问题

1 外语学校毕业的、后来转修电机工程、文理兼修。

2 a 艾米谈吐之间还有不少那个年纪该有的稚气／对艾米那个年纪来说这种想法太成熟。

　　b 移民更是后代的选择。

3 放弃了就放弃了、没有多想（放弃了国内大学工作会否可惜）。

4 在哪里发展；这几年国内发展快了，机会很多／新移民在国外事业上遇上了瓶颈，撞到玻璃天花板；或，该不该移民／在国外融不进主流社会。

5 a 环境（让自己和孩子呼吸到干净的空气）、教育（独立地思考）、自由（说自己想说的话／做自己想做的事情）。

　　b 生活方式。

6 因为他们一回儿出国，一回儿海归。

7 两者都有义无反顾的决心。

8 因为荆轲是他在中国历史上最敬佩的侠士。

9 （参考答案）作者一方面觉得新移民在面对文化、语言等问题时会有困难，但一方面移民能让后代在未来有更好的生活。所以移民就要与卒子、荆轲一样，无论在移民路上有多艰难，都要义无反顾地向前走，不能回头。

10 a 作者非常赞成她的看法。
作者用这个词表现出个人看法，认同移民是一个个人选择，然后把观点延伸为移民更是为后代的选择。

　　b 他明知道会失败，却仍毅然地走上不归的路。
比喻移民的路不好走，很艰巨。

课堂活动（二）

"寻找他乡的故事"

> **因材施教**
>
> 在学生做访问前，老师可以教学生运用"结构式访谈"(structured interview)的方法。方法是先把访问的题目写出来，然后在采访的时候按顺序发问，并把笔记写在同一个表里（见下图）。采访后学生就可以归纳出采访内容的相同点，一目了然。
>
> | | 采访对象1 | 采访对象2 | 采访对象3 |
> |---|---|---|---|
> | 题目1 | | | |
> | 题目2 | | | |

写作

练习答案

写作指导

1 a
2 a
3 b
4 b 移民的原因
   d 移民的坏处

> **因材施教**
>
> 写作专栏文章时需要加入一个标题，但是怎么写标题却不是一件容易的事情。老师可搜集网上的一些优秀标题，然后跟学生归纳出以下的准则：
>
> 1 **简单直接**：文章的标题要简单和容易理解。有些人喜欢用诗句做标题，但是过于费解的诗句可能吸引不到读者的注意力。
>
> 2 **抢眼、吸引注意力**：好的标题能够让你的文章脱颖而出，吸引读者的注意力，但是千万不要哗众取宠，否则适得其反。
>
> 3 **能解决问题**：最吸引读者的标题通常都是"如何…"或者"…的方法"，因为这些文章为读者提供解决问题的方法。
>
> 4 **加入关键词**：写作的题目与"移民"有关，那标题应包括这个关键词，让文章和题目有一致性。

2.3 指导写作及文言文

学习目标

知识部分
- 理解文言虚词（其、之、乃、矣）的意义和用法
- 认识古人的姓名和称谓

技能部分
- 准确识别并分析两篇文章的不同观点
- 准确理解、识别两篇文章的关键字词或句子
- 运用摘录要点的方式，完成一篇指导写作

引言

单元二第三部分节录了两篇描述小孩子童年生活的文章。作为现今世代的小孩子，小小年纪已面对许多挑战，特别是在学业方面，成年人对他们的要求愈来愈严格。学生们可以通过不同的课堂活动，探讨这方面的问题并提出自己的看法。

文言文方面，则选了《孟母三迁》。这个故事一直为后人所传颂，孟母在几千年前就已经深明良好的环境对于小孩子成长具有正面的影响，为了孟子而多次迁居，最后抚育了一代圣贤，甚至可以说没有孟母就没有孟子。今天再读古人的故事，裨益良多。

指导写作

教学建议

老师可以从学生的生活经验进入课题，相信在讨论"学业"和"家长期望"这些方面的话题，学生一定有很多看法与想法，进行课堂活动时，学生会有不同的意见，老师宜表现出感同身受，并以开放的态度进行讨论。希望学生在这个部分明白到社会上有不同的声音，我们应以包容的态度看待事情，达到一种和谐的局面。

因材施教

在讨论的过程中，能力高的同学可以扮演老师的角色，甚至一个调解员的角色，让所有同学有机会发声，讲出自己的意见。

指导写作参考答案

a
- 有趣、快乐。
- 童真与幸福。
- 也有悲伤。
- 苦闷与困扰。

b
- 期末考试的成绩会影响到升六年级（考试、升班压力）。
- 我回到家里还要面对一个个补习班、一大堆家庭作业和家长的唠叨，现在就连我的自由时间也越来越少了，都快把我累死了。

c - 像一幅水墨画。
- 像一杯甘甜的糖水。
- 像一碗苦茶。
- 像海边那各色各样的贝壳，散发着五颜六色的光芒。
- 永驻心田的风景，令人向往的记忆。

d - 无忧无虑的，爱做什么就做什么。
- 美好的。

e - 读书，努力考入名牌学校。
- 懂得游泳、踢球或弹钢琴只是最基本的要求。
- 放学后前往各种不同的学习班。
- 一星期七天都要参与这些兴趣班。

f - 若上班。
- 像一头牛。

文言文

教学建议

《孟母三迁》的重点是一个良好的环境对小孩子成长的重要性。现在的父母好比古代的孟母，竭尽全力培养孩子，希望学生明白父母的苦心。本部分主要介绍文言虚词及倒装句式。

因材施教

文化部分介绍了古人的姓名和称谓，能力高的同学可以模仿古人为自己取一个字或号，甚至协助其他同学完成这个挑战。这个活动可以提升学生对古文字词的理解与应用能力。

练习答案

导读问题

1 a 称作   b 说   c 居住
2 孟母与孟子。
3 C
4 墓旁、市旁和学宫旁。
5 人们都夸奖孟母善于潜移默化地教育儿子。
6 说明社会环境对一个人、特别是青少年的成长起了重大的影响。

考试练习题参考答案

1 A
2 D
3 表示天气恶劣，但不影响自己赏雪的情怀。
4 B
5 a 都消失 b 沸腾 c 不要
6 D
7 湖上的影子，只有一道长堤的痕迹，一点湖心亭的轮廓，和我的一叶小舟，舟中的两三粒人影罢了。
8 "焉得更有此人"，想不到还会有这样的人。
9 作者以为在这种天气去湖心亭的只有他一人，没想到碰上和自己有同样雅致的游人，高兴不已。作者以驾舟的船夫都感觉到了这一点作侧面描写，写自己的高尚情怀。

单元三 千古风流人物
3.1 描述与叙述

学习目标

知识部分
- 了解不同记叙人称的定义和艺术效果
- 认识顺叙法的定义和艺术效果
- 理解语言描写、侧面描写的定义和艺术效果
- 了解传记的特点
- 理解对比的定义和艺术效果

技能部分
- 准确比较不同的记叙人称
- 准确识别、运用顺叙法
- 准确识别、判断并分析语言描写、侧面描写的手法
- 准确分析、并解释传记的特点
- 清晰、流畅地运用语言描写和侧面描写来撰写文章

引言

学生在本单元会学习两篇有关名人的文章：马庚存《平民总统孙中山》及乙武洋匡《高木老师》。前者通过研读文章了解孙中山先生的生平、革命事业和中国的历史文化；后者从不平凡的平凡人身上体会不屈不挠的精神。在学习范文的过程中学生会辨认不同的记叙人称、顺叙法、语言和侧面描写。另外本单元会介绍对比修辞法。

文章一、马庚存《平民总统孙中山》

教学建议

认识传记是本单元的学习目标之一，老师可以通过导入活动先介绍传记的特点，然后在教授范文时让学生指出传记的特点在文章中如何呈现出来。老师尝试引导学生深入理解文章内容，掌握字词句的运用，并结合主题思想，以及深化其思想内涵。文中从六件平凡的小事反映了孙中山先生的人物形象，要求学生各自找出课文中的六件事，然后思考每件小事所带出的意义，从而看出孙中山的平民总统的形象，最后由老师或学生来点明主旨。

因材施教

建议老师把程度不一的学生混合分组，以协作的形式从文章中找出六件能反映了孙中山先生人物形象的小事。另外，对于程度较好的的学生，老师宜鼓励他们尝试完成分析写作特点的挑战题。此部分既可让学生重温学过的写作特点，也可以提升他们的文学分析能力。

Cambridge IGCSE Chinese as a First Language

> **小提示**
>
> 　　传记主要是记载一个人的人生事迹。可以是自传，亦可以是他传。传记所记载的都是真实的内容。传记大体分两大类：一类是以记述史事为主的史传或一般纪传文字；另一类属文学范围，作者在记述传记主角事迹的过程中，可能会渗透自己的某些情感、想象或者推断。传记所记载的并非仅是个人传记，有时亦可以是一个重要团体的纪录。

练习答案

导入问题

1. a　i,ii,iii
   b　iv,v,vi
   c　iii
   d　vi

2. a　孙中山先生于明天生日。
   b　孙中山先生的诞辰。
   c　贺寿。
   d　坚决反对。
   e　由廖仲恺等人替他办了两桌简单的酒菜祝寿。

3. 作者想借此事，说明孙中山先生的生活非常简朴，而且非常节俭，不喜欢别人为自己的事大事铺张。

4. a　传记是一种用来记载人物生平事迹的文章体裁。一般由别人记写，称他传；也有自述生平，称自传。传记具有记实性、文学性、历史性等特点，有"历史性传记"、"文学传记"之分。
   b　略　　c　略

导读问题

1. 作为人民的领袖，必定要尽己所能，牺牲一切，为人民服务，鞠躬尽瘁。

2. 第三人称。

3. 因为他认为自己是为人民服务的。

4. 因为孙中山先生认为穷人更需得到别人的关心。

5. a　中山装是以南洋华侨工人流行服装作基本式样，然后加上小翻领子，有四个口袋，其中两个下袋较大，方便盛装书本。
   b　他不尚时髦、生活简朴节俭、有爱国情操。例如他不爱奢侈不做西服，为了避免黄金白银外流而设计并穿着中山装，追求实而不华。

6. 既是平民，又是总统，平民是指普普通通的百姓，总统是掌握国家权力的大人物。

7. a　孙中山先生虽为总统但没有一般总统的奢华骄气，生活方式简朴淡泊与平民无异，他不贪特权，不摆寿宴。穿着的衣服不是西装，而是亲自设计的"中山装"，他又把自己的一切财富都捐赠出来。
   b　他从不嫌弃与平民接触，对达官显贵他不屑一顾，反而愿意与平民谈个不停。
   c　他为一个穷孩子而责骂随行的警士，甚至拒绝警员的特别保护，他认为自己的身份没有特别，与一般平民无异。

8. 它采取了顺叙法。全文没有运用插叙，因引用的几件事都是用来印证孙中山先生被誉为平民总统的因由。

9 文章一开始引用了孙中山先生说要做人民公仆的话，可见他是一位平民化的总统，开门见山地道出了题旨。末段的结语再次回应篇首，这是首尾呼应。开门见山及首尾呼应能令主题非常明确，读者较容易明白中心所在。

10 a 孙中山先生认为自己是全国人民的公仆，是来为大家服务的。

表示愿意尽己所能，牺牲一切，为人民服务。

b 即使是在打仗期间，孙中山先生还坚持阅读。

表示孙中山先生博览群书，好学不倦。

c 文章中提及的那些事例只是众多事例里的一些片段。

表示在孙中山先生一生伟大的事迹中，这只记录了一点点而已。

挑战题

1 本文采取了顺叙法，按顺序记录了几件事来印证孙中山先生被誉为平民总统的原因。

2 文章开头引用孙先生要做人民公仆的话，可见他是一位平民化的总统，正是开门见山地道出了题旨。末段的结语再次回应课题，这是首尾呼应。开门见山及首尾呼应能令主题非常明确，读者较容易明白中心所在。

3 从日常生活角度切入，以小见大，表现伟人品格与情怀。他不写孙中山从事革命的轰轰烈烈的事迹，而是从衣食住行来写伟人的高尚情操。

4 选材典型，极富表现力而又趣味盎然。

文化

三民主义

孙中山先生在1905年《民报》发刊词中，把同盟会的纲领阐发为"民族"、"民权"、"民生"三大主义，简称"三民主义"。民族主义就是推翻满洲贵族的专制统治，反对民族压迫；民权主义即"建立民国"，就是推翻君主专制政体，建立国民的政府；民生主义即"平均地权"，就是国家核定地价，征收地租税，同时逐步向地主收买土地。三民主义是孙中山先生领导辛亥革命的指导思想，推动了革命运动的发展。

互动口语

教学建议

设计及制作时装需时，如果时间许可，最好每一个环节都兼顾；相反如果时间紧逼，可以设计图代替成品，但学生依然要完成口头介绍。

因材施教

建议让学生先上网寻找设计灵感，并预先写好介绍稿。提醒他们设计应符合"好看、实用、方便"这三个要点。

文章二、乙武洋匡《高木老师》

教学建议

　　日本作家乙武洋匡是一位不平凡的平凡人，当然除了他，世界上还有很多跟他一样天生有缺陷的人。有些会选择放弃，有些会选择勇敢面对，乙武洋匡为我们树立了一个不屈不挠的好榜样。老师可以用他或其他面对相同问题的人的照片以引起学习动机，让学生学会以同理心去思考和处理事情，也让他们体会到幸福不是必然的道理。通过学习本文，学生会认识顺序的叙述方法和记叙人称。

因材施教

　　大部分的学生应该可以从课文内容理解乙武洋匡从小每天所面对的困难与挑战。对于理解能力较强的学生，老师可以引导他们从高木老师的角度去看乙武洋匡这个学生，学生也可以从第三者的角度去代入或分析高木老师的想法及心情。

练习答案

导入问题

1　a　略　　b　略
2　高木老师对作者十分严厉，他坚持不让作者坐轮椅回校，目的是帮他为将来做准备。长大后的作者能自如行动，多亏当年高木老师的严厉和果决。

导读问题

1　作者是残疾儿，每天坐新型的电动轮椅去学校，因手臂很短，操作轮椅的动作别人几乎注意不到，在小朋友们的眼中，这轮椅好像是在自动地前进及转弯，作者也因此成了"新闻人物"。
2　学生们一旦发觉作者来到了校园内，马上就跑过来，作者在学校里成了备受注目的人物，总是受到重视，处于人群的中心位置。甚至把身边的同学看成仆人，而自己则自诩为"大王"。
3　作者用了"就像蚂蚁群发现了甜食"来比喻其他学生看到乙武后的反应。
4　高木老师对作者说日后没有老师的同意不能在学校里坐轮椅。
5　同学总跟在作者的轮椅左右，作者会容易产生优越感；即使是"残疾儿"也应该有普通孩子一样的心态；作者应该从小就注重身体的锻炼，如果一直乘坐轮椅，身体活动的机会就会减少。
6　一如既往，对这种呼声充耳不闻。
7　明白孩子的需要，帮助他们为将来做准备。
8　高木老师的果决源于他对作者的将来的期望。
9　作者觉得老师的做法，现在看来完全是正确的。因为作者后来进入的学校几乎都没有方便残疾人的设施，他是靠自己在小学时的磨练来应付一切。
10　他就会成为一个真正的残疾人。与今天的他相比，生活的范围会不同，心情上的愉悦程度也会不同。

11 因为作者知道老师对他严格是出于对他的关爱，责之深爱之切，因此老师在他心目中的地位好比爸爸一样重要。

12 因为引号的用法之一是用来标明具有特殊含义如反话的词语。

文化

尼克·胡哲 (Nick Vujicic)、乙武洋匡 (Hirotada Ototake) 和麦可·欧森 (Michael Olson) 都是天生便缺乏四肢。他们患的是先天性四肢切断综合症，是一种非常罕见的先天性疾病，患者天生四肢发育不健全。该综合症会在身体各部分造成严重畸形，包括心脏、面部、头部、神经系统及骨骼。很多情况下，患者的肺部发育不全，使患者呼吸困难甚至完全不能呼吸。正因身体有如此严重的缺陷，很多胎儿在出生前已经死亡或在出生后不久便夭折。以上三位都是少数患有该病的幸存者。

写作

教学建议

"我最尊敬的人"可以是认识的人，也可以是完全不认识的人。老师宜引导学生多方面去构思写作的对象，即使是虚构的人物也可以。建议学生使用语言描写和侧面描写来塑造人物形象。

3.2 议论与讨论

学习目标

知识部分
- 理解归纳论证和类比论证的定义和作用
- 理解总分总的文章结构,并重温首尾呼应的手法
- 认识中国文学巨著《三国演义》、《水浒传》

技能部分
- 准确找出议论文的论点和论据
- 准确识别归纳论证和类比论证
- 以协作方式作专题报告,说一说你心目中的"无名英雄"
- 运用不同的议论手法来写作一篇议论文

引言

学生在这个单元中会学到两篇不同的文章。第一篇是李树杰的《让自己成为平民英雄》,议论了每个人都能够成为英雄。第二篇是梁启超的《英雄与时势》,论述了"英雄"与"时势"的关系。老师不妨在每教完一课后,与学生多讨论相关的议题,让学习更贴近生活。除此以外,这个单元也安排了一些课堂讨论的活动,让学生去为一个"英雄""翻案平反","英雄"有时候并不是一个客观的概念,老师也可以稍稍指导学生。最后,单元还介绍了《三国演义》和《水浒传》这两部中国文学著作,老师也可以鼓励学生到图书馆借阅。

文章一、李树杰《让自己成为平民英雄》

教学建议

分析课文前老师可以引起学习动机,让学生说一说何为"英雄",尤其这几年的"超级英雄"电影十分流行,老师可以分组让学生去讨论,引导讨论的方法可参考"因材施教"。

本单元针对的写作手法是归纳论证。作者通过举出刘太权、王文田、谢凤运等人在面对危险时,奋不顾身地拯救别人的事例,归纳出人类有着善良的本性,可以在关键时刻成为英雄。归纳论证的手法十分常见,老师可以让学生去找找日常例子,加深他们的记忆。

因材施教

钻石型的九个方格 (Diamond Nine)

老师可以让学生列出英雄的九个特质，并把每个特质写在一张纸条上。写完后，老师要求学生把特质按以下的方式排序：

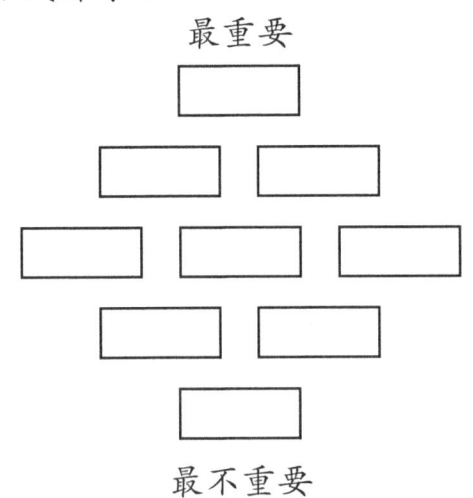

在讨论过程中，学生要解释为什么该特质最为重要／不重要。老师之后也可以比较不同组的讨论结果，并引导学生思考大家的异同。

练习答案

导入活动

1-2 略

3 在我们的生活中，这样的平民英雄还有很多很多，而我们每个人也都可以成为这样的平民英雄。

4
a 举例论证。
b 引用论证。

导读问题

1 英雄奋不顾身，急人之难，帮助他人脱离险境。

2
a 瞬间淹没了三十多名游玩的人；不幸被大潮吞噬。
b 刘太权在大潮中救起了四个素不相识的人，但自己的儿子却不幸被大潮吞噬。

3
a 愧疚。
b 抱着头，久久坐在岸边，不肯离去。

4 拼命招手示意后面的车辆停车、一连挡住八辆车、救了十几个人。

5 论证手法：举例论证；论点：我们每个人也都可以成为这样的平民英雄。

6 我们一些人善良的本性却在扭曲、丧失，甚至完全泯灭。

7 手法：设问；信息：我们都是社会的一分子，如果我们不能从自己做起，该抱怨、该指责的，恐怕正是我们每个人自己。

8
a 虽然刘太权救了四个不认识的人，但自己的儿子却不幸被大潮吞噬。表现出何太权的伟大与无私。
b 两辆货车瞬间消失。表现出当时的情况很紧急。
c 不折不扣的英雄，诠释着人性的伟大，彰显着时代的精神。突出英雄在社会中的地位。

文章二、梁启超《英雄与时势》

教学建议

这篇文章是梁启超先生以文言文写作的，虽然如此，文章并不难理解。文章的难点反而是内容中所引述的人物和历史事件，老师可以参考"因材施教"

的建议，做分组活动，减轻学生在理解文章内容时的困难。

类比论证是这篇文章的一个明显的写作手法。类比论证指根据已知的事实推断相类的实例，例如作者在文中用"蛟龙"和"鲸鲲"来与"英雄"作类比，指出在乱世之时，英雄会挺身而出，不畏恶劣环境，拯救人民。另一方面，这篇课文承接单元二的《朋友四型》，介绍总分总的文章布局，对学生来说应该不难理解。

小提示

文章以古汉语写作，老师可以借这篇文章重温一些文言知识，比如"其"（"以其数则过矣"、"其可自菲薄乎？"）、"之"（"人群之所渐渍"、"人间世之大事业"）。

因材施教

文章所举的例子包括有路德、哥伦布、华盛顿、歌白尼、俾士麦、嘉富尔等人，老师可以让学生先分组，每组负责一个资料搜集的任务，再向班上同学汇报，老师、同学都会对于历史人物与事件有更多的认识。

练习答案

导读问题

1. 或云英雄造时势，或云时势造英雄。
2. 人间世之大事业，皆英雄心中所蕴蓄而发现者。
3. 或云时势造英雄。
4. a 虽然英雄能为人民带来好处，但是他们的出现都是因为之前社会所制造出来的时势。
   b 当时因为宗教改革势在必行，即使当时没有路德，也会有另一个改革之人。
5. a 余谓两说皆是也。
   b 我的看法是两个观点都合理。
6. 他认为现在国家遭逢厄运，但是数命数、论时势，应该也差不多有一个英雄来拯救国家了。
7. a 作者指天气情况极度恶劣的情况下，虽然鸟儿、小鱼不敢出没，但是蛟龙、鲸鲲却不怕而"飞行绝迹"和"御之一徒千里"，正如英雄人物在乱世出来"整顿乾坤"。
   b 类比论证。
8. 照应文章一开始对英雄与时势两者关系的争辩。
9. 总分总式。

课堂活动（一）

1. 作者以西方例子如路得、俾士麦等成功人物的例子，表示中国也能做到，同时引用外国例子，可以鼓励国人开拓视野，以他们作为榜样。
2. 作者勉励年轻人，希望在国难当前时，一洗中国的颓风，创造一个富强的国家。

写作指导

5. 博客的格式是：a b c d

3.3 指导写作及文言文

学习目标

知识部分
- 认识伏笔和烘托法

技能部分
- 准确理解文章如何描述舍己为人者及贪生怕死之徒的不同之处
- 分析《孔明借箭》如何以烘托法描写人物，并运用伏笔，诱发读者追看下文的好奇心

引言

单元三第三部分拣选了两篇不同地区的文章，并作出删改。两篇短文分别讲述了有"香港女儿"之称的谢婉雯的英勇故事和被谑称为"范跑跑"的范美忠的故事。前者表现的是一种舍己为人的无私精神；后者讽刺了那些贪生怕死之徒的可耻。希望学生在阅读这两个故事的过程中能有所启发，特别是在一个以经济为主导的社会中，我们如何彰显出人性光辉的一面。

另外，为了回应其中的主题"英雄"，文言文选了《三国演义》的《孔明借箭》，让学生们了解中国古代英雄人物的形象。

指导写作

教学建议

"英雄"的概念应该是很广泛的，不应只停留在那些能力很强或者对社会具有很大影响力的人物身上，一些小人物也可以展现出英雄的气概。希望老师们能带领学生们在不同的层面去认识英雄人物，切实让我们看见平凡人所做的不平凡的事情，让更多美好的人和事被发掘、被称颂。

因材施教

建议老师根据学生的兴趣和能力分组，围绕"英雄人物"这个话题进行资料搜集，并在课堂上做报告，评分可分为两个部分，一、老师根据他们的表现评分；二、学生互评。

小提示

学生互评的部分可占一定的比例，让学生更重视这部分。形式可以是组员互评或组与组之间的互评。建议师生共同设计互评表的内容，让互评更具参考性及统一性。

指导写作参考答案

1. a
   - 主动请缨到深切医疗部照顾病人。
   - 一直很安静，上司指派的工作她就会尽量做好。
   - 奋不顾身去帮助有需要的人。

   b
   - 一溜烟就跑得没影了。
   - 不把学生带出来才走。
   - 上次半夜火灾的时候也逃得很快。
   - 每次有危险，反应都比较快，也逃得比较快。

   c
   - 没有害怕、不想做、或是不安。
   - 肯定不是想做英雄（做好本分：作为一个医生，那是一个很重要的时刻）。
   - 在能力范围内都应该做，不能见死不救。

   d
   - 从来不是一个勇于献身的人，只关心自己的生命。
   - 不是先人后己勇于牺牲自我的人。
   - 在生死抉择的瞬间，只有为了女儿才可能考虑牺牲自我。
   - 其他的人，在这种情况下也不会管的。
   - 间不容发之际逃出一个是一个，如果过于危险，大家一起死亡没有意义。
   - 没有丝毫的道德负疚感。

   e
   - 表达美德。
   - 精神长存。
   - 留在大家心中的，是一个很正面的讯息。
   - 冠上"香港女儿"的称号。

2. a
   - 主动请缨到深切医疗部照顾病人。
   - 一直很安静，上司指派的工作她就会尽量做好。
   - 奋不顾身去帮助有需要的人。
   - 一溜烟就跑得没影了。
   - 不把学生带出来才走。
   - 上次半夜火灾的时候也逃得很快。
   - 每次有危险，反应都比较快，也逃得比较快。

   b
   - 没有害怕、不想做、或是不安。
   - 肯定不是想做英雄（做好本分：作为一个医生，那是一个很重要的时刻）。
   - 在能力范围内都应该做，不能见死不救。
   - 从来不是一个勇于献身的人，只关心自己的生命。
   - 不是先人后己勇于牺牲自我的人。
   - 在生死抉择的瞬间，只有为了女儿才可能考虑牺牲自我。
   - 其他的人，在这种情况下也不会管的。
   - 间不容发之际逃出一个是一个，如果过于危险，大家一起死亡没有意义。
   - 没有丝毫的道德负疚感。

   c
   - 表达美德。
   - 精神长存。
   - 留在大家心中的，是一个很正面的讯息。
   - 冠上"香港女儿"的称号。

文言文

教学建议

《孔明借箭》是一个家喻户晓的故事，短文选取了故事最精彩的一幕，写诸葛亮带着二十只船，在大雾中出发，在靠近曹营的时候呐喊擂鼓，疑心很重的曹操不敢出击，只向长江发箭，但这样正中了诸葛亮的下怀。一篇二百多字的短文把诸葛亮足智多谋、冷静淡定的形象生动地刻画出来了。

《三国演义》虽然写于明代，但是用字没有其他作品费解，相对来说比较容易理解。老师在授课时可以利用这一篇短文跟学生复习基本文言词语，如"是夜"中的"是"意思是"这"。另外，教学的焦点可放在伏笔和烘托法上。

因材施教

对于能力比较好的学生，可以鼓励他们自行做挑战题。学生可以到图书馆看书，阅读原文，并把故事的来龙去脉弄明白。能力再高一点儿的学生更可以自行分析周瑜、诸葛亮、鲁肃、曹操的性格，并做一个口头报告。

练习答案

导入活动

1　C→A→F→D→B→E

2, 3　略

导读问题

1　诸葛亮在大雾天中，曹操因为多疑，不会轻举妄动而出兵追击。

2　诸葛亮：B, D, E

3　a　这　　　b　非常／不停止

4　a　如果曹兵一起出击的话。

　　b　等到日出雾散（的时候）。

5　诸葛亮：笑着回应鲁肃；鲁肃大惊失色。鲁肃没想到诸葛亮大胆用这个方法来借箭，而诸葛亮对于自己的计划很有信心。

6　表现了曹操多疑、谨慎小心的性格。手法：侧面描写／烘托法。

小提示

学生对于章回小说一般都很感兴趣，可以以篇带书，介绍其他《三国演义》（或其他作品，如《水浒传》、《西游记》等）的著名故事，提升学生对阅读中文的兴趣。

考试练习题参考答案

1　- 教我们跳舞。

　- 带我们到她和朋友的家里，让我们观察蜜蜂。

　- 教我们读诗。

　- 排除小孩的纠纷。

　- 幼儿园阿姨在郊游中摘的花，他不接受（慈悲）。

　- 电视台播放国歌，他就要站在椅子上，目不旁视，双手打起节拍，指挥国歌（无所畏惧）。

- 街上两人争执，他便跑过立于两人之间劝架（安危度外，大义凛然，有英勇精神）。

2
- 对我的接近文学和爱好文学，是有着多么有益的影响。
- 喜欢她，和她亲近。
- 模仿她。
- 给了我莫大的支持。
- 想念她。
- 做我的老师。
- 让我明白"口锐者天钝之，目空者鬼障之"的道理。

- 使我不断地发现着我的卑劣，知道了羞耻。
- 有更多学生，影响更多人。

3
- 慈爱。
- 公平。
- 伟大。
- 慈悲，视一切都有生命，都应尊重和平相处。
- 无所畏惧。
- 安危度外，大义凛然，有英勇精神。

单元四 只缘身在此山中
4.1 描述与叙述

学习目标

知识部分
- 理解不同的描写手法（多角度描写、动态描写、随时推移法、感官描写、步移法、借景抒情）的定义及其用法
- 认识叠字、着色词、顶真的定义及其艺术效果
- 认识古代山水游记这种文体的特点

技能部分
- 能准确地口头描述景物的特点
- 准确地写作一篇以"黄昏中的校园"为题的文章

引言

本单元介绍了两篇描写大自然的文章，分别是峻青的《海滨仲夏夜》和徐蔚南的《山阴道上》。前者描述了夏夜时分海滨特有的景色和游人享受其中的欢愉场面；后者则描摹了山阴道上令人目不暇接的自然风光。两位作者不约而同地运用了多种描写手法，包括多角度描写、感官描写、步移法、随时推移法、动态描写等等。同时，大家也不能忽略作者所透露的情感，这种借景抒情的手法也是本单元的学习重点之一。

文章一、峻青《海滨仲夏夜》

教学建议

描写文所呈现的画面感非常重要，建议老师可以利用图片或画画进入这个单元，让学生先从视觉感受描写文的力量，然后再推延至其他不同的感官。这个单元介绍了许多描写的手法，老师宜从不同的文本开展，让学生先认识，再提升到运用的层次。

小提示

描写文需要较多的词汇帮助表达，建议老师提供大量词汇让学生参考。

因材施教

对于一些绘画能力比较强的学生，老师不妨让他们画出文章所描写的景色；对摄影有兴趣的同学，可以进行拍摄；其他同学则可以负责搜集图片，做一个美术展览的活动，同学们一方面展示自己的作品，一方面写作简短的文字做现场介绍。学生通过这样的活动除了学习描写文的重点外，更重要的是建立个人自信。

> **小提示**
>
> 要写好描写文，观察是第一步，在可行的情况下，建议老师安排学生进行户外考察或写生活动。

练习答案

导入问题

1 从橘红—深红—绯红—浅红—消失，动态表现霞光的深浅变化和时间推移。

2 第二段的描写：天空燃烧着一片橘红的晚霞／大海也被霞光染成了红色／霞光就像一片片燃烧着的火焰。

3
a	仰视。	b	天空中的霞光。
c	平视。	d	海面上的霞光。
e	仰视。	f	天空中的霞光。
g	仰视。	h	天空中的启明星。
i	仰视。	j	天空中的启明星。
k	平视。	l	海面上的灯光。

4 多角度描写。

导读问题

1 B

2 时间为线索：一是夕阳落山；二是夕阳西沉；三是夜色加浓。

3 霞光、启明星、灯光

4 a 借海浪描绘出霞光的色彩及动态。
  b 启明星的"大"和"亮"。
  c 描绘了海面因灯光融入而流光溢彩的美景。

5 衬托手法。表达了作者对威海的喜爱之情。

6 说话声、欢笑声、唱歌声、嬉闹声，响遍了整个沙滩。

7 从写作的真实性看，人们的种种情景，作者是在幽静的夜色中一路散步所看到的，在浓重的夜色中，在随意的一瞥中，无法仔细观察到人们细致的音容笑貌，而给他留下突出印象的，是人们欢乐的声音，是这种笑语声所透露出的发自内心的欢乐的情绪。

从全文结构看，本篇是一篇写景的记叙文，仲夏海滨的人们是作为海滨夜景整体的一部分来写的，人在景中，人使景动了，活了，人和景融合成了一体。如果突出写一个个人的形貌，就会显得繁杂，文章的结构也显得不严谨。

8 a 顶真 b 拟人 c 叠字

9 作者先写海滨仲夏夜的美景，抒发对美景的赞美，并通过对美景的欣赏而感到悠闲和愉快，抒发对威海的热爱之情。

文章二、徐蔚南《山阴道上》

教学建议

学生读完第一篇描写文后，对描写的方法应该有一定的掌握。这里老师应该把焦点放在描写文所呈现的情感世界，让学生认识借景抒情的特点。

> **小提示**
>
> 作者的思想感情，是构成抒情的重要元素。先阅读文章所描写的景物，然后代入作者的处境，借此揣摩作者的心意，从而体会作者的思想感情。

因材施教

要体会作者的情感世界，学生的生活经验很关键。某一次旅行的经历是一个很好的话题，学生应该有这方面的经验。让他们自由讲讲自己的经历和体会，老师再结合课文讲解。

练习答案

导入问题

1. a 青翠
   b 金黄色
   c 青色而泛光
   d 黄里泛青绿
   e 碧色（青绿色）
   f 血色（鲜红色）

2. a 依次是路亭、桥栏、小山。
   b 在路亭休息；在桥栏看水的流动和远处的山色；在小山游戏和欣赏白云。

导读问题

1. a 石路　　b 田亩
   c 村庄　　d 山冈
   e 石桥　　f 四周的野景

2. 桥下的河水清洁可鉴，一片斜晖映照河面，河水如镀了黄金，河中的一群白鸭向前游去，波纹向左右展开。

3. 作者和友人在桥栏上欣赏河中的景色时，心中充满喜悦，他们默然相视，觉得他们的心灵已在一起，已互相了解，彼此的友谊已无须用言语解释。

4. 自由国土。恰当，因为在小山上可以无拘无束地唱歌、做戏、大笑、高叫，将久被遏制着的游戏本能尽情发泄出来，不会感到害羞或畏惧，有如到了自由国土一般。

5. d

6. 比喻：白云如棉花和波涛。
   拟人：赋予人的行为"拥在那儿"。

7. 石桥上欣赏河上的景色和四周的山色；小山上观看白云和日落的景色。

8. a 静态景物。
   b 动态景物。

9. 最后还是要回到现实，过一种烦嚣的城市生活。（言之成理即可）。

文化

山水游记写的是登山临水所闻所感，以描写自然景物为主。如苏轼的《记承天寺夜游》，写月色和竹柏；张岱的《湖心亭看雪》，写雪写亭，真切可感。有些山水游记不以写景见长，而以议论、说理取胜，表现了作者非凡的才识和高超的思致，王羲之的《兰亭集序》就是这类游记的代表作品。古代没有相机，只能靠一篇又一篇的山水游记来品味各处风光了。

王立群所著的《中国古代山水游记研究（修订本）》，就是研究游记散文中的山水游记，书中图文并茂，是一本不可多得的山水游记研究力作，是山水游记文学爱好者的必读之本。

4.2 议论与讨论

学习目标

知识部分
- 理解说明顺序的定义及艺术效果
- 认识引用说明、分类说明、举例说明的定义及艺术效果
- 理解拟人的定义及其艺术效果

技能部分
- 准确识别、并运用说明顺序的手法
- 准确判断、并比较引用说明、分类说明、举例说明的艺术效果
- 运用恰当的引用说明、分类说明和举例说明来撰写文章

引言

单元四除了会研习景物描写的文章外，还会学习有关动物的文章。本部分所学的《生物的睡眠》和《动物游戏之谜》都是相当具趣味性的文章。通过研习文章的内容，学生会对动物的生活习性有进一步的了解。听说部分会让学生尝试拍摄一个呼吁关注动物、爱惜生命的广告，学生可以结合现实生活，尝试多接触和关注社区里真实的情况。

文章一、林续中《生物的睡眠》

教学建议

老师在开讲课文前，可以先向学生提问：动物的睡眠方式有哪几种？它们睡觉的模样跟人类有什么不同？植物也要睡觉吗？老师所问的题目应考虑趣味性，而且是开放型题目，最好是可以引导学生及带动学生自由发言的。完成后才进入导入活动，本导入活动要求学生预习文章并完成有关问题，通过预习，学生对课文会有一定的印象，当老师讲解时可以集中引导学生作高阶思维，甚至一起完成挑战题的内容。

因材施教

在提问的过程中，如果老师发现学生普遍对这些动物知识感兴趣，不妨让学生分组以协作的方式上网寻找一些他们认为有趣的动物冷知识，并制作简报跟同学分享。

小提示

冷知识是指那些饶富趣味，并随时充斥在我们的生活周遭，却鲜有人会去注意的知识。冷知识虽冷门但有用，且更能吸引人去探究。

练习答案

导入问题

1. a 蝙蝠、海参、蜗牛
   b 癞蛤蟆、青蛙
   c 谷子、麦子、玉米、油菜等种子
   d 古莲子

2. 蝙蝠：冬天在可以躲避风寒的地方集体倒挂着睡觉，到春天才醒过来。
   海参：夏天在海底睡觉，冬天才醒过来。
   蜗牛：冬天睡觉，夏天不下雨时也睡觉，要天气暖又下着雨才起来活动。

3. C

4. 因为作者要向读者介绍蝙蝠、海参、蜗牛等生物的睡眠习性；并借石灰岩里打出来的癞蛤蟆、石油矿里的青蛙、植物的种子等生物，说明它们睡眠的时间可以长达一两千年到一两百万年。

5. a 1-3
   b 介绍海参的夏眠现象。
   c 介绍沉睡一百万年的癞蛤蟆。
   d 10
   e 介绍沉睡一两千年的莲子。

导读问题

1. 以蝙蝠为例，它是采取"睡眠"的办法来对待冬天的绝粮。

2. a 蝙蝠在偏僻、昏暗可以躲避风寒的山洞、屋檐进行休眠。
   b 蝙蝠睡觉的方式很特别，既不是躺在床上，也不是蹲在洞里，而是双脚抓住岩石、木棍等东西，成团成簇地倒挂着睡觉。

3. 等到第二年春暖花开，蚊子、夜蛾等昆虫再次活跃时，蝙蝠才出来觅食。

4. a 在夏天，原本在海底过冬的虫子都浮到海面上，而海参只会在海底下蠕动，因此只好用休眠的方法来解决食物不足的问题。
   b 当虫子回到海底过冬时，海参便会醒过来。

5. 蜗牛要"冬眠"和"夏眠"；要是碰上干旱的年头，二十个月不下雨，它就睡二十个月。等天气暖了又下着雨，它才醒过来。

6. a 美国科学家富兰克林有一次在法国旅行时，看见打石工人从石灰岩里打出一窝癞蛤蟆，一共四只。科学家断定这四只癞蛤蟆已经睡了一百万年以上。
   b 一位外国的石油地质学家，在墨西哥一个石油矿里，发现了一只埋在两米多深矿层里冬眠的青蛙，后来证明这只青蛙一睡就是二百多万年。

7. 还为了适应气候的问题，如蜗牛在冬天和干旱的季节，都会进行休眠，在天气温暖和潮湿时才醒过来。

8. 植物的种子也会休眠，例如谷子、麦子、玉米、油菜的种子，经过晒干扬净，只要没有受伤害，那就是活的，是在休眠。我国曾发现沉睡了一两千年的莲子。

9. 只要把植物的种子埋在泥土里，浇水，给它一定的温度，它便会醒过来，生根发芽。

10. 动物休眠多年的现象比较特殊，所以作者引用历史上发现的例子，并指出发现沉睡百多万年的癞蛤蟆和青蛙的人物和地点，显示真有其事，提高可信度。

11 本文采用先主后次的顺序，先详细介绍动物的休眠现象，后简略介绍植物种子的休眠现象；而介绍动物和植物的休眠现象时，先介绍一般情况，后介绍特殊情况。／逻辑顺序：本文说明了动物和植物间不同的休眠现象。它先介绍了会冬眠、夏眠的动物，然后介绍植物种子的睡眠现象；所以它属于逻辑顺序。

12 a 春天到来时，各种小昆虫都开始新一年的生活。
春天是万物苏醒的季节，大家都准备开始新一年的生活。

b 天气和暖时，蜗牛慢慢出来活动，并寻找食物。
用了拟人与比喻两种手法来形容蜗牛下雨时的活动，描写生动。

c 沉睡一百万年以上的癞蛤蟆被"解放"出来时，还会爬动。
表示动物睡眠时间是可以超越一个世纪，而且睡醒后还能活动。

写作手法

拟物

比拟是通过想象把物当作人来写，或把人当作物来写。比拟一般可以分为两类，即拟人和拟物。拟物就是把"人"当作"物"来写，使人具有物的动作、行为、思想、感情或情态；或者是把一件物品当作另一件物品来写。

比拟与比喻

比喻的本体与喻体一般由名词构成，而比拟除了本体是名词外，拟体不直接出现，而主要是通过形容词或动词来实现。

挑战题

人类的睡眠是为了休息；生物的休眠，是因为缺少了生存的条件，而进入休眠。其次，人类一般睡眠时间为八小时左右，生物的休眠，可以是一个冬天，也可以一睡长达数百万年。人类睡足了，就会醒来；生物的休息，必须要有特定的条件才会醒来，例如天气、食物等。

互动口语（一）

教学建议

本讨论分为两部分，第一部分是个人分享，主要是谈谈睡觉对个人的重要性，相信大部分的学生都能应付；第二部分相对较难，探讨人类在恶劣环境下，仍然能够保持活动能力的原因。老师宜安排不同程度的学生在同一组，让他们互补不足。

因材施教

为了让学生能有更丰富的讨论内容，建议老师给予他们时间上网查找人类在恶劣环境下，仍然能够保持活动能力的原因或一些关键字词。

文章二、周立明《动物游戏之谜》

教学建议

老师可以从网络上找一些动物玩耍的片段播放给学生看，让他们判断动物们是否在进行游戏，也可以提问动物进行游戏的目的是什么？本文会提到不少地名，老师不妨预先准备世界地图，让学生在学习课文的过程中，也丰富他们的地理知识。

因材施教

建议老师带学生到学校图书馆借阅丛书《十万个为什么》，并分享其中一两个故事，以引起学习动机与兴趣。也可以鼓励程度较高的学生在下一节课向同学分享他们找到的富趣味的《十万个为什么》故事。

练习答案

导入问题

1 略

2 a 游戏是生活的演习。
　b 自娱说。
　c 游戏是一种十分重要的学习行为。
　d 游戏带有明显的锻炼倾向。

导读问题

1 通过实例，引起读者思考动物做出这些行为的原因。

2 因为他们指出这些动物是在游戏。而动物游戏行为被认为是动物行为中最复杂、最难以捉摸、引起争论最多的行为。

3 单独游戏、战斗游戏、操纵事物的游戏。

4 因为动物显得自由自在。

5 单独游戏的特征是动物可以独自进行；战斗游戏得由两个以上的个体参加，是一种社会行为。

6 因为这种游戏要求双方的攻击有分寸，对伙伴十分信赖，动物严格地自我控制，使游戏不会发展成真的战斗。

7 支配环境的能力。

8 运用了举例子的说明方法。以黑猩猩的行为来说明"游戏是生活的演习"。

9 进化程度更高、智力更发达的动物。

10 因为羱羊的游戏带有明显的锻炼倾向，选择在坎坷的斜坡上奔跑追逐，在陡峭的悬崖上跳跃，好像是在锻炼它们逃避敌害的能力。

11 尽管有关动物游戏的研究，已经取得一些成就，如演习说、自娱说、学习说、锻炼说，但是动物为什么游戏，还需要做更加深入的研究。

互动口语（二）

教学建议

在网络上可以找到不少有关关注动物、爱惜生命的广告，建议学生在参考别人的作品后，运用创意来完成这项活动，最好可以为广告设计一句口号。

写作

教学建议

承接互动口语活动，接下来学生会以爱护动物协会的负责人的身份，写一篇有关"人与动物"的演讲稿。学生除了可以参考课文的内容外，还可以利用互动口语的材料。

4.3 指导写作及文言文

学习目标

知识部分
- 理解文言文"古今词义"的特色和用法
- 理解诗歌《早发白帝城》

技能部分
- 准确理解、识别并分析两篇文章的不同观点
- 准确理解、识别两篇文章的关键字词或句子
- 运用摘录要点的方式,完成一篇指导写作
- 讨论如果朋友来自己的国家/地方旅游的话,应该选择自助游还是跟团游

引言

"指导写作"这个部分有两篇文章,都是关于"自助游"和"跟团游"哪一个模式比较适合自己的。两者各有利弊,老师可以以这两篇小文章为基础,引导学生进行讨论,说一说个人的看法,并分享个人的经历。

文言文则选取了郦道元《水经注》一文,为适合课程程度,略作了修改。班上如有学生到过三峡的话,可以让他们结合文章内容,分享个人经历,或通过网上资源帮助学习。

因材施教

在阅读文章前,老师可以请学生评量"自助游"和"跟团游"各有什么利弊,阅读后让学生看看自己猜对了多少。

指导写作参考答案

1. a - 在中国,城市生活非常繁忙,让人们的压力越来越大。
   - 人们对于自己生活的城市开始厌倦,于是旅游成为人们减轻压力、缓解疲劳的最佳方式。

   b - 跟团游:比较省心,游客无需为吃住行而动脑筋。

   c - 由于对旅游目的地熟悉程度的不同、旅游经验的不同,选择的模式也不一样。

指导写作

教学建议

在开始进入课文前,老师不妨先让学生分享个人的旅游经历,说一说自己是"自助游"还是"跟团游"。老师也可以用投票的方法看看是"自助游"比较受欢迎,还是"跟团游"更受欢迎。

d - 想跳出现状，出去走走，不思考。
- 吃吃喝喝几天，回来有充电的感觉。
- 现在中国人生活太累了，太多压抑，有时间就想逃离，也是一种释放。

e - 自助游：全程都得积极参与，对旅行过程的感知也比较深刻。
- 跟团游：钱一交什么事都不用操心了。
- 跟团游：从机票、填写出入境表、住宿、交通、吃饭、行程安排，一切都有人帮你搞定，省心省事。
- 自助游：很多旅行的经历是我在自己的城市中看不见，摸不着的。

f - 跟团游的旅程比较机械化，没有弹性，要更改行程的话不太可能。
- 有人也喜欢在旅游时认识新朋友，领略不同的风土人情，这样的话跟团游就无法满足了。
- 另一个很重要的考虑因素是时间。没有两三周以上假期的人，千万别打自助游的主意。
- 没有车或者不会开车。
- 更要想想自己的英语水平如何。

2 a 描述中国人旅游的目的。
- 在中国，城市生活非常繁忙，让人们的压力越来越大。
- 人们对于自己生活的城市开始厌倦，于是旅游成为人们减轻压力、缓解疲劳的最佳方式。
- 想跳出现状，出去走走，不思考。
- 吃吃喝喝几天，回来有充电的感觉。
- 现在中国人生活太累了，太多压抑，有时间就想逃离，也是一种释放。

b 比较自助游和跟团游的好处。
- 跟团游：比较省心，游客无需为吃住行动脑筋。
- 自助游：全程都得积极参与，对旅行过程的感知也比较深刻。
- 跟团游：钱一交什么事都不用操心了。
- 跟团游：从机票、填写出入境表、住宿、交通、吃饭、行程安排，一切都有人帮你搞定，省心省事。
- 自助游：很多旅行的经历是我在自己的城市中看不见，摸不着的。

c 分析选择不同旅游模式的考虑因素
- 由于对旅游目的地的熟悉程度的不同、旅游经验的不同，选择的模式也不一样。
- 跟团游的旅程比较机械化，没有弹性，要更改行程的话不太可能。
- 有人也喜欢在旅游时认识新朋友，领略不同的风土人情，这样的话跟团游就不能做到了。
- 另一个很重要的考虑因素是时间。没有两三周以上假期的人，千万别打自助游的主意。
- 没有车或者不会开车。
- 更要想想自己的英语水平如何。

文言文

教学建议

教授课文前，老师可以吩咐学生先在网上找一些关于三峡的图片、视频，也可以播放音乐，让学生有进入课文的气氛。作者运用了多感官的描写，老师应与学生分析哪里用了视觉、听觉、触觉等。

因材施教

对于程度比较高的学生，老师可以请他们帮忙，去找找三峡的图片，并与课文中的句子作配对。老师可以把做得不错的展示给其他学生看，通过视图，让学生更容易理解课文。

练习答案

导入活动

2　1 D　　2 A　　3 B　　4 C

导读问题

1　a　完全没有。
　　b　寂静。
　　c　衣裳，衣服的意思。
2　B
3　B
4　a　D　　b　B
5　进一步突出渲染三峡寂静凄清的气氛。

6　a　高山上生长着许多奇形怪状的柏树。／树荣／山高／草盛／瀑布悬挂着在山涧中。
　　b　白色的急流／清波回旋着／碧绿的潭水／映出了山林的倒影／瀑布悬挂在山涧中／水清。
　　c　经常有猿猴在高处长啸／空荡的山谷里传来了回声／悲哀婉转。
　　d　树林和山涧中清凉寂静。
7　a　即使是乘奔御风，也不比船快。
　　b　空荡的山谷里传来了回声，悲哀婉转。
8　略

文化

李白《早发白帝城》

译文

　　早上的时候我离开高入云霄的白帝城；远在千里的江陵，船行只需要一天的时间。两岸猿声仍然不断在耳边啼叫，不知不觉，轻舟已穿过万重山峰。

考试练习题参考答案

1　作者猛一抬头看到日出，他的内心立刻激烈地震动了一下，而日出在腾涌出来。
2　他大跨步走过斗母宫、快活三里等景点，一气登上了南天门，丝毫也没有感到什么吃力，什么惊险。
3　a　朝阳已经像一个红色的血球，徘徊于片片的白云中。
　　b　突出这次日出的静态，与之后在火车上看出的动态作对比。

4 不能删除，作者特意以这两次的日出与在火车上的作对比。（但学生言之有理亦可。）

5 静下心来，翘首东望，恭候日出。

6 a "一转瞬间"和"再一转瞬"。

　b 表示时间的急速。

7 安详自在，慢条斯理，威严端重，不慌不忙。

8 颜色：最初是红色的，后来朱砂逐渐变为金黄，光芒越来越亮；形状：月芽似的东西，到了最后体积逐渐扩大。

9 变中有不变，不变中有变；变化与速度的交互融合，交互影响。

10 a 太阳下山后，四周缺乏光线，天色渐暗，感觉到周边的静寂。

　　表示环顾四周，寂无一人，顿感万古的沉寂压在身上。

　b 指自己已经是老人，平生有不少看日出的机会。

　　表示自己看日出的经验甚多。

　c 作者用尽心思地谋划在泰山和黄山这两个在全中国甚至全世界都以能观日出而声名远扬的名山上看日出。

　　这指出在泰山和黄山上观日出，并非偶然的事，是经过作者精心安排的。

单元五 格物致知
5.1 描述与叙述

学习目标

知识部分
- 理解咏物寄意、借事说理及以小见大的说理方法
- 理解承上启下的定义及艺术效果
- 理解心理描写的定义及艺术效果
- 理解感叹句式和对比的定义及艺术效果
- 认识寓言的特点

技能部分
- 运用借事说理的方法写作"一件难忘的事"
- 准确对事物进行口头描述

引言

本单元选用了秦牧的《蜜蜂的赞美》和鲁迅的《一件小事》两篇文章作为研习材料。两位作者分别讲述蜜蜂采蜜的方法和记述一个人力车夫帮助老女人的小事情,从而道出蜜蜂的勤劳和人力车夫的高尚行为,让读者能以此为镜,培养个人美好的品德。本单元的学习重点之一是通过日常的小事情来学习做人的大道理。篇章结构则介绍了承上启下。

文章一、秦牧的《蜜蜂的赞美》

教学建议

一些老生常谈的道理,学生听起来会觉得烦厌。通过这个单元,学生有机会从一些小事情或小故事中领略做人的道理,作为将来人生道上的锦囊。

小提示

为了让学生接触不同的文章并从中学习做人的道理,可以搞一个阅读分享会,让学生分享一篇有教育意义的小文章。

因材施教

蜜蜂采蜜过程比较复杂,建议老师播放有关影片,让学生进行观察,培养学生的主动性及思考能力。从观察小蜜蜂采蜜的过程,学生产生联想,并与学习或生活联系起来。学生进行协作把蜜蜂采蜜的过程写下来,然后张贴在课室的壁布版与大家分享。

> **小提示**
> 建议以步骤说明的形式表达，并加入图画，令表达更生动活泼。

练习答案

导入问题

2 这不仅仅是因为蜜蜂能够酿蜜，而且也由于蜜蜂酿蜜的方法给人以重要的启示。

导读问题

1 A
2 数字说明。说明蜜蜂采蜜的辛劳。
3 蚂蚁是麻木地堆积材料；蜘蛛是随意创造。
4 蜜蜂先从花朵里采集材料，再用自己的力量来改变和消化材料。
5 承上启下的过渡作用，由蜜蜂酿蜜的方法。联想到"一切成功的学习、工作的经验。"
6 不能。因为这三个自然段分别紧扣蜜蜂酿蜜方法给人的启示：博采、提炼、酿造。
7 重新创造。
8 B
9 光荣的称号。

文章二、鲁迅的《一件小事》

教学建议

《一件小事》这篇文章让我们看到人性光辉的一面，虽然车夫身份低微，但却拥有一颗善良正直的心，他对于受伤女人的关爱实在令人敬佩。只有培养出具有高尚情操的下一代，我们的社会才会有希望，作为老师，更是义不容辞的，互勉之。

> **小提示**
> 如何分辨对比与对偶？
>
> 对偶在结构形式上，讲求对称性，要求字数相等、结构相同；而对比则讲求内容上的对立性，要求意义的相反、相对，不一定要求句子结构形式对称。

因材施教

分组把《一件小事》演绎出来，学生依个人兴趣担任不同岗位，让大家有机会发挥所长。

练习答案

导入问题

1 a 民国六年的冬天。
   b 刚近S门的一条大道上。
   c "我"、人力车夫和老女人。
   d 老女人横截马路，破棉背心兜着车把，跌倒了。
   e "我"要车夫继续赶路，车夫扶着老女人，走向巡警分驻所，"我"的灵魂受到了强烈的震动。
   f 车夫不能拉"我"了，"我"自愧自责，深刻地自我反省。

2 略

导读问题

1. 增长他的坏脾气，教他一天比一天看不起人。

   表示"我"对这些事的鄙视与不满。

2. 大北风刮得猛。

3. 为了生计。

4. 花白的头发和衣服都很破烂。

5. B, C

6. 第一人称，便于抒发强烈的感情。

7. 开头的"所谓国家大事……都不留什么痕迹"，和结尾的"几年来的文治武力……背不上半句了"相对应。

   开头的"但有一件小事……使我至今忘记不得"和结尾的"这事到了现在，还是时时记起"相对应。（任择其一）。

8. a 冷漠无情。
   b 自觉渺小，敬佩他人。
   c 惭愧自省。
   d 自求安心。

9. 国家大事与一件小事的对比，表明"我"对当时所谓"国家大事"的蔑视，突出一件小事的重大意义。

   "我"和人力车夫对老女人摔倒的不同态度的对比，赞颂了车夫行为的高尚，反衬出"我"的自私自利和冷酷无情。

   "我"对人力车夫行为的前后思想感情变化的对比，反映出一件小事对"我"的深刻教育，体现了"我"严于责己、勇于反省的精神。

写作

参考答案

1. 略
2. 略
3. a 第一人称
   b 倒叙
   c 起因、结果
   d 略

文化

法家

西汉司马谈的《论六家要指》将韩非子、管仲等理念相似的人归类为一派，并命名为"法家"，于此之前，并无所谓"法家"。法家的思想源头可上溯于周代时的诵训，之后李悝、吴起、商鞅、慎到、申不害等人予以发展，遂成为一个学派，到了韩非子集其大成。法家提出了以法治国，把法律视为一种有利于社会统治的工具。当代中国法律的诞生就是受到法家思想的影响，法家思想对于一个国家的政治、文化、道德方面的约束还是很强的，对现代法制的影响也很深远。

5.2 议论与讨论

学习目标

知识部分
- 理解驳论的定义及艺术效果
- 认识设问的定义及艺术效果
- 了解儒家"格物致知"的含义

技能部分
- 准确识别、判断并分析驳论的论证手法
- 准确识别、并恰当运用设问句
- 在写作中恰当运用驳论手法

引言

在本单元学生会学习两篇议论文：胡绳的《想和做》和启凡的《发问的精神》。《想和做》针对人们普遍存在的"空想"和"死做"的两种倾向，并侧重于后者可能带来的种种不良后果，指出了"想"和"做"相互结合起来的正确途径。

启凡认为"发问"就是善于动脑筋发现问题，这是求知识的途径。作者极力提倡并鼓励读者勤于发问，勇于发问，并从发问中学习新的知识。通过研读这两篇作品学生会学习驳论的论证方法，并认识设问这种艺术技巧。

文章一、胡绳《想和做》

教学建议

老师可以利用一些跟"想和做"有关的成语和谚语来抛砖引玉，引导学生想出更多，甚至进行分组游戏，带动课堂气氛。

导入活动也有涉及课文内容的部分，提醒学生需要在老师开讲前仔细阅读。

老师在讲解的过程中可以让学生不断反思自己属于哪一种类，甚至分享有哪些事是一直想做，但还没有机会开始的，让学生在课堂结束前写下"我的想和做"给老师，师生之间可以相约一个时间（例如一个月）做一对一的回顾，此活动可以增强师生之间的交流与信任，老师更可以借此来了解学生的语文表达能力。

因材施教

寻找成语和谚语的部分最好以小组形式进行，让学生互补不足。

小提示

设问与反问

设问句式是以自问自答的形式，故意先提出问题，再自己回答。反问则是明知故问，但它只问不答，把要表达的确定意思包含在问句里。在行文中，一般而言，设问往往用于语段的开头，表示问题的提出；反问则常用于语段的结尾，表示对问题的强调。

练习答案

导入问题

1–3 略

4
- a 只会照样去做
- b 埋头苦干
- c 反语
- d 不会思想，盲目用功

导读问题

1 有些人只会空想，不会做事；另外有些人只顾做事，不动脑筋。

2 他们一天忙到晚，做他们一向做惯或别人要他们做的事。他们做事的方法只是根据自己的习惯。别人怎样做，他们就照样去做。他们从来不想想为什么要这样做。

3 因为前者是"空想家"；后者是"埋头苦干"的人。

4 虽然埋头苦干是好，但不肯动动脑筋来想想自己做的事，是不值得赞美的。

5 跟牛马一样。

6 因为人在劳动中不断地动脑筋，想办法，大部分的人知道自己做事的目的和意义，而且能够一面做，一面想如何节省劳力，提高效率的方法。

7 想的时候要从实际出发，不能"空想"，必须接近实际，而且要加上观察和行动。

8 并列关系。

9 举例论证："举个例子来说，人怎么样学会游泳的呢？光靠观察各种物体在水中浮沉的现象，光靠观察鱼类和水禽类的动作，那是不够的，一定要自己跳下水去试验，一次、两次、十次、几十次地试验，才学会了游泳。"以学游泳为例，论证想和做必须联结起来。／以课外活动为例，论证想和做要联结起来。

对比论证："这样空想出来的'道理'，其实并不算甚么道理"对比"真正的道理是在行动中取得经验，再根据经验想出来的。"以硬读课文，硬记公式、埋头苦读的学生和懂得想出省力有效的读书方法的学生来作对比，论证想和做应该联结起来。

10 做事前要思考清楚，按思考的结果去实践，绝不盲目去做；思考问题之后，也要付诸实践，以证实思考是否正确。

11 正例：有些同学能想出一些省力有效的方法，结果记住了动物的分类，弄清了历史的年代。

反例：有些同学学习语文课，硬读课文，只读不想；学习数学课，硬记公式，只记不想。结果是从旧经验里得到的道理，不能应用在新事物上。

12 作者论证了必须把"想"和"做"联结起来，人们的行动就可靠思想的帮助得到进步。

13 指出"空想"和"死做"都不会得到进步，说明想和做要联结起来。

互动口语

教学建议

对于想和做，大家都有不同的看法，老师可以先分享自己的经验来作为楔子，引起学生的兴趣，带动课堂气氛。这活动给学生一个自我反思的机会，回顾自己过去的做法和体会。可以的话，师生尽可能安排一个时间来进行回顾，例如学期末，看看有多少个同学改变了自己的习惯。

因材施教

老师可以让能力较好的学生先进行搭配，起一个示范作用，为其他同学提供参考。

文章二、启凡《发问的精神》
教学建议

老师可以利用导入活动来观察学生发问的频率、内容和态度等等。学生应该会对图中接近正方形的西瓜产生好奇，老师宜鼓励学生多发问，而且鼓励具有创意的提问。这活动也可以以小组形式进行，小组内个各成员可以轮流发问，最后选出几道较有代表性的问题再向全班发问。

因材施教

认识驳论这种论证手法是本单元的学习重点之一，驳论涉及高层次的思维，对于初次接触驳论的学生来说，可能会较难理解，老师宜一步一步解释驳论这论证方法。

以下是驳论结构，供老师参考：

1. 对别人表示的意见提出相反的观点及理据，因此是持相反立场。
   （建议：有人指出／认为……因此／所以……）。
2. 针对相反观点，提出反驳，并提供论据和理据。
   （建议：但是／可是、然而……）。
3. 重申文中支持立场的论点，除反驳对方外，也提出自己的其他有利的观点。
   （建议：而且／另外，此外……）。
4. 最后要再次重申立场，并作结论。
   （建议：总括而言／总而言之……）。

练习答案
导入活动

思考题 1-4 没有标准答案，学生言之有理即可。

挑战题

1. 我们要有发问的精神，才能领悟事物中的道理，获得新的知识和道理。
2. a) 驳论是通过驳斥别人的论点，从而证明自己观点正确性的一种论证方法。

   b) 1 作者要驳斥的是：只努力学习，然后牢牢记住知识和道理而不多问的主张。

   2 他从以下三方面进行驳斥：不发问便不能产生新知识；不发问便会把错的当作了对的；不发问便没法把知识和道理融化到生活和习惯里去。

   3 他最后确立的论点：大家必须"勤于发问，勇于发问"。

导读问题

1. 把事物的道理比作封锁在秘库石室里的珍奇，把发问的精神比作钥匙。

2. 发问是思想的初步，研究的动机。一切知识的获得，大都从发问而来；新发明、新创造也常常由发问而开其端。

3. 勇于发问、勤于发问的人的头脑自然会日益丰盈，眼光自然会日益敏锐。

4. 事例一：牛顿因苹果落地这么平常的事而发问，结果创立了"万有引力"学说。事例二：孔子因怀着不耻下问的精神而成为百代景仰的圣人。这是运用了举例论证法。

5. a 作者指世界天天在变动和进步，带来了许多新问题。必须通过发问，才会有新道理和新知识，文明才会进步。

   b 各种知识和道理只是个人或少数人的见解，难免有错；而且知识和道理经过传播，往往会有歪曲和失实。故此必须不断发问，来验证其真确性。

6. 正面立论："一切知识的获得，大都从发问而来……勇于发问、勤于发问的人，头脑自然会日益丰盈，眼光自然会日益敏锐。"

   反面立论：不发问便不能产生新知识，便会把错的当作了对的，也没法把知识和道理融化到生活和习惯里去。

7. 新道理和新知识难以产生出来，文明难以进步。

8. 把看到的，听到的，和实际生活的事物互相参照和比较；在参照和比较中，发问是最重要的；发觉的问题越多，显得对实际事物看得越清楚；同时对所学的也更有把握，知道怎样安排到生活里去。

9. "他能够成为百代景仰的圣人，难道真是天生成的？"

   "这么一来，我们可以得到切实和透彻的了解，岂不更好？"

10. 发问的精神；书呆子。

写作

教学建议

"青少年的喜与悲"这个题目对学生来说应该不会陌生，但要提醒学生本写作的格式要求是问卷调查报告，学生在准备报告时可能需要参考一些数据。如果时间许可，老师可以让学生设计一份问卷调查，访问校内学生，并把所得的数据作为写作的材料。

5.3 指导写作及文言文

学习目标

知识部分
- 理解文言文通假字的特色和用法
- 认识儒家学说

技能部分
- 准确理解、识别并分析两篇文章的不同观点
- 准确理解、识别两篇文章的关键字、词或句子
- 运用摘录要点的方式,完成一篇指导写作
- 准确理解、识别《论语》十则的道理,并作个人反思

引言

"格物致知"这一单元教授的是人生哲理,其中一项常常被人忽略的是如何面对失败。在这一课选了李教的《为失败而笑》和龙应台的《跌倒——寄K》。两人笔风不一样,但都是探讨时下的人都忽略了怎么面对失败,其中一句"一般人……不会再一败涂地的时候,躺在地上,细闻泥土和草根的清香",发人深省。

另外,文言文选了《论语》十则,不少都是脍炙人口的金句。课文特意选了这十则的选段,让学生在细读金句时,也可以多认识文言知识。

指导写作

教学建议

这两篇除了是中文课的材料外,也可以作为心理教育的材料。学生在某程度上面对过失败,但是面对失败时应采取什么态度,可以是本课的一个讨论的地方。

因材施教

对于能力高的学生,老师可以以"失败乃成功之母"为题,表达个人的看法,并引录古今中外的故事。老师也可以把这个活动改为辩论形式,让正反两方的学生表达个人意见。

指导写作参考答案

1. **a** - 遭受了损失的人,总要哭几声,唠叨几句,朋友听你发牢骚。

   b - 一般人很少能看到失败的好处,不会欣赏失败、享受失败。

   c - 做到反为失败而笑,笑则是笑着看失败。从失败总看到他的好处,并且愿意这样看。
   - 从失败中看到成功的一面,从不幸中看到幸福的一面。

   d - 给不开心的人一个拥抱。
   - 抚摸孩子的头发,对他说"孩子,你真可爱"。

- 给他发简讯，约他周末去踢球。
- 对他微笑，拍他肩膀并说，"没关系啊，这算什么"。

e
- 在我们整个成长的过程里，没有人教过我们怎么去面对痛苦、挫折、失败。
- 面对失败不在小学、中学、大学的教科书或课程里。
- 家庭教育、学校教育、社会教育只教我们如何去追求卓越。
- 即使是谈到失败，目的只是要你绝地反攻，再度追求出人头地。

f
- 在跌倒时，学会怎么跌得有尊严。
- 面对失败、伤痛时，知道怎么处理。
- 痛得无法忍受时，用什么样的表情去面对别人。
- 学会如何获得心灵深层的平静。

2 a 指出关心朋友、亲人的方法
- 遭受了损失的人，总要哭几声，唠叨几句，朋友听你发牢骚。
- 给不开心的人一个拥抱。
- 抚摸孩子的头发，对他说"孩子，你真可爱"。
- 给他发简讯，约他周末去踢球。
- 对他微笑，拍他肩膀并说，"没关系啊，这算什么"。

b 分析有些人不能面对失败的原因
- 一般人很少能看到失败的好处，不会欣赏失败、享受失败。

- 在我们整个成长的过程里，没有人教过我们怎么去面对痛苦、挫折、失败。
- 面对失败不在小学、中学、大学的教科书或课程里。
- 家庭教育、学校教育、社会教育只教我们如何去追求卓越。
- 即使是谈到失败，目的只是要你绝地反攻，再度追求出人头地。

c 讨论面对失败时，可以用什么不同的方法去面对
- 做到反为失败而笑，笑则是笑着看失败。从失败总看到他的好处，并且愿意这样看。
- 从失败中看到成功的一面，从不幸中看到幸福的一面。
- 在跌倒时，学会怎么跌得有尊严。
- 面对失败、伤痛时，知道怎么处理。
- 痛得无法忍受时，用什么样的表情去面对别人。
- 学会如何获得心灵深层的平静。

文言文

教学建议

《论语》十则是编者的选段，这些都是脍炙人口的金句。对于学生来说，很多都是耳熟能详的。所以在教学时，老师可以把精力放在文言知识上，让学生真正熟悉这些文言知识。

因材施教

对于人生道理，学生会觉得很抽象。在教学时，可以让学生分组做资料搜集，让他们在生活中找出真实例子，如"三人行，必有我师"、"学而时习之，不亦说乎"等。让学生主动去感受、去说，比起老师直接讲授更有效。

练习答案

导入问题

1. a 指讨论、商议的意思。
   b 语录体
   c 孔子
2. a C, D, E, F   b A, B, G, H

导读问题

1. a 看见不贤的人，就反省自己有没有和他一样的缺点，有要改正。
   b 几个人在一起行走，其中必定有可作为我的老师的人。
   c 直到每年中最寒冷的季节，才知道松柏是最后落叶的。
   d 自己不喜欢的事物，不要强行加于别人身上。
2. 学而时习之，不亦说乎？有朋自远方来，不亦乐乎？人不知而不愠，不亦君子乎？
   作用：加强语气

3. 传不习乎？
   老师传授的知识是否复习过了呢？
4. a 同"悦"，表示快乐
   b 同"汝"，表示你
5. B
6. B
7, 8 略

考试练习题参考答案

1. B
2. C
3. 象笏。
4. a 妪／老妇。   b 娘／母亲。
5. a 哭泣。 b 结束。 c 不一会。
6. 本段侧重描写"可悲"的事：大家庭分家导致关系疏离、母亲早逝、自己未符祖母厚望等。
7. a "孩子是冷呢？还是想吃东西呢？"
   b "我们家读书人很久没有得到功名了，我孩子的成功，就指日可待了啊！"
   c "我的孩子，好久没有见到你的身影了，为什么整天默默地呆在这里，真像个女孩子呀？"

单元六 诸子百家
6.1 描述与叙述

学习目标

知识部分
- 理解详写与略写的定义及其艺术效果
- 理解补叙和照应的定义及其艺术效果
- 理解寓言的定义及其艺术效果
- 理解文言虚词（则、哉、耶、岂）的意义和用法
- 认识启蒙读物之一：三字经

技能部分
- 运用恰当的例子来进行辩论
- 准确运用详写与略写来写作一篇文章

引言

本单元介绍了两篇文言文，分别是《左传》的《曹刿论战》和刘基的《卖柑者言》。前者让我们看到曹刿卓越的政治识见、杰出的军事才能及爱国精神，同时说明民心向背对一场战争的重要性；后者则通过与卖柑者言的一番辩论，揭露了宋朝时代那些"金玉其外，败絮其中"的弄权者的丑态。在学习范文的过程中，学生会理解详写与略写、补叙、照应和肖像描写等各种写作手法。

文章一《左传》《曹刿论战》

教学建议

文言文多以单音节词为主，所以在理解上有一定的困难，老师宜在进入课文之前先交代故事背景和人物关系，让学生有基本的了解。建议让学生收集有关长勺之战的背景资料，认识当时的政治环境及社会气氛，这对他们理解课文重点有很大的帮助。同时温习文言文以单音节词为主的特点，提升对文言文的理解能力。

因材施教

安排能力较强的同学为其他同学讲解长勺之战的背景，让后者做笔记，并在班上公开交代该场战争的背景。

小提示

《曹刿论战》一文的重点是讨论战争的胜负关键，所以对故事背景的交代是进入课文前的重要一环，假如学生交代不完整的部分，老师宜做补充。

练习答案

导读问题

1. 乡人认为国家大事自有高官负责；曹刿认为朝廷上的高官见识浅陋，没有深远的谋划。

2. 以乡人的不明事理和官吏的庸碌无能衬托曹刿的爱国情怀和远见卓识。

3. C

4. 乡人的自私冷漠对比曹刿的爱国热诚。
   鲁庄公的欠缺谋略突显曹刿在军事上的深谋远虑。
   鲁庄公的鲁莽冲动对比曹刿的小心谨慎。
   （以上任选其一）

5. D

6. a 攻打
   b 从战车上下来
   c 齐国军队

7. （齐国）大国是难以估计的，恐怕有埋伏。

8. 鲁国：君民同心、士气高昂、能把握战机、指挥得当。齐国：未能抓紧初时人数占优的有利形势而失去战机。

课堂活动

曹　刿：A, C, F, G, H；
鲁庄公：D, E；
乡　人：B
（其余言之成理的答案也可接受）

因材施教

虽然学生用书已提供足够注释，但对于一些较少接触文言文的同学来说，在理解上可能还是会有困难。建议整理图表，让学生填写重点内容，以帮助学生更好理解课文内容。

写作手法

用图表比较补叙与插叙的区别，能收到事半功倍之效。

	补叙	插叙
定义	根据内容的需要，要对前面所写的人或事作一些简短的补充交待，对前面的事件关键伏线或悬念予以披露。	在叙述中心事件过程中，插入一些与主要情节有关的内容，然后再接叙原来的事情。
文章出现位置	可以在篇中，也可以在篇末。	只能在篇中。
作用	补叙大都无情节，前后不必有什么过渡的话，主要补充叙述事件的结果。	是一个片段，帮助读者了解事件发展的缘由及丰富事件内容。
影响	发生在事件记叙的时间范围，删去会严重影响主题的表达和事件的完整。	一般不发生在事件记叙的时间范围内，删去不影响事件的完整性。

文章二、刘基《卖柑者言》

教学建议

"金玉其外，败絮其中"这一句可以说是概括了《卖柑者言》一文的重点。建议老师先讲解这句成语，并与现实社会联系起来，让学生对这句话有较具体的理解，以便更容易进入课文内容。

因材施教

进行角色扮演，使学生对课文内容有更深刻的理解。分组准备剧本，同组里宜混有不同能力的学生，以协作的形式完成剧本和演出。教师从旁指导并适时提出协助。

练习答案

导入问题

1. a 涉寒暑不溃　　b 如有烟扑口鼻
   c 玉质而金色　　d 视觉
   e 视觉及嗅觉　　f 触觉及视觉
2. 虽然价格高昂，但却很受欢迎。

导读问题

1. 运用的是对比手法，其目的是为下文揭露卖柑者的欺诈埋下伏笔。
2. B
3. 作者认为卖柑者高价售卖品质差劣的柑子，有欺诈成分，许多人会因此受骗。
   卖柑者指出卖柑子只为生计，从未被人埋怨过，且欺世者也不只他一人。卖柑者认为朝廷的文臣武将外表威堂皇，但实际是庸劣无能，与其所卖的柑子无异。
4. 同意。因为他揭露了当时的社会问题，令人反思。
   不同意。尽管社会有许多弊端，但也不能因此就心安理得地欺骗别人。
5. 作者对"金玉其外，败絮其中"这种社会现象表示愤怒。
6. a 装满　　　　b 以……为业
   c 养活　　　　d 助语词，无意义
7. a 杭州有个果贩子，很会贮藏柑子。虽然经过冬天与夏天，柑子仍然不会腐烂。
   b 世上骗人的事多着呢，难道只有我一个吗？我的先生，您不想想看！
8. B

文化

编年体史书与国别体史书

编年体是以年代为线索编排有关历史事件，由于它以时间为经，史事为纬，因此比较容易反映出同一时期各个历史事件的联系。《春秋》是中国现存最早的一部编年体史书，而《左传》则是第一部较为完备的编年体史书。国别体是以国家为单位分别记叙的历史，不但保存了许多珍贵的史料，记叙更是详尽生动，《国语》是中国第一部国别体史书，《战国策》则是一部战国时期的史料汇编。

6.2 议论与讨论

学习目标

知识部分
- 理解定义说明、引用说明、比较说明、比喻说明的定义及艺术效果
- 通过两篇课文,认识从师和学习的重要性
- 认识与学习、从师有关的成语、典故、诗词

技能部分
- 准确理解和辨析文章的论点和论据
- 以访谈的方式改写文章,带出从师学习的信息
- 写一篇辩论稿,论证每一个人都应从师学习

引言

这一单元选了两篇文言文作为范文,第一篇是韩愈的《师说》,第二篇是荀子的《劝学》(节选)。虽然课程的阅读理解一般以白话文为主,但是两篇课文均为中国文学中的名篇,值得一读。老师除了应指导学生理解定义说明、引用说明等说明手法外,还应跟学生复习文言文知识,提升学生对阅读文言文的信心。

小提示
老师应指出韩愈的一个写作特色是"文以载道",很多时候作者都对当时的不良风气作出了批评。老师应把这个概念带到今天的社会中,让学生找找有没有类似的作家,并让他们分享一篇该作家的作品。

因材施教
对于能力比较弱的学生,老师可以先指出文章的论点,并用白话文解释,然后让学生在课前阅读,减轻他们阅读文言文的负担。

文章一、韩愈《师说》

教学建议

老师先以导入活动的问题引入课文主题。对作者来时,"老师"这个角色是"传道、授业、解惑"。这个角色在今时今日的社会中是否一样,值得讨论。另外,老师可以交代当时的社会情况,让学生明白到当时有"耻于从师"的风气,于是作者写了这篇文章,批评当时的风气,希望社会可以再次"不耻从师"。

练习答案

导读问题

1. 人并不是生下来就知道一切道理的,有了困惑却不去请教老师,那么困惑就永远不能解决了。

2   老师是传授道理、教授学业、解答疑难问题的人。

3   a   词类活用。   b   从师学习。

4   只要是"道"所在的地方,就是老师所在的地方。

5   从师问道的风气不流传已经很久。

6   古代的圣人,他们超出一般人很远,尚且跟从老师学习;现今的人不如古人,却不肯从师学习。

7   圣人变得更加地圣明,而愚人变得更加地愚笨。

8   a   诵读书籍,学习熟悉其中的句逗之法,并不是作者所说的传授道理、解决疑难问题的老师。

    b   略

9   a   士大夫不屑与巫、医、乐师、百工之人同列。

    b   作者通过对比,表于士大夫不屑同列的人尚且从师,但是士大夫却耻于从师,现象甚为奇怪。

10 作者善用圣人孔子为例,写弟子不必不如师,师不必贤于弟子。

11 表示本文写作动机,嘉许李蟠愿意从师,并以此为例,证明自己就是一位躬行师道之人。

文章二、荀子《劝学》

教学建议

　　荀子《劝学》有两个主要的教学重点。第一个是文章的内容,老师应集中跟学生分析学习的重要性。除了吸收内容大要以外,老师应鼓励学生想一想,作者所说的话对他们有什么启发,而且这些道理在现在社会中是否适用。第二个是文章的语言。这篇文章的很多句子都变成了成语、谚语,老师应鼓励学生积累这些材料。

因材施教

　　课文是荀子《劝学》的节录,对于能力不错的学生,老师应推荐他们自行阅读《劝学》全文,并写一篇反思文章,看看文章说的道理对他们有什么启发。

练习答案

导读问题

1   a   停止。   b   曾经。

2   论点:"君子博学而日参省乎己,则知明而行无过矣"。

    意思:君子广泛地学习,而且每天检查反省自己,那么他就会聪明多智,而行为就不会有过错了。

3   靛青,是从蓝草中提取的,却比蓝草的颜色还要青。/冰,是水凝固而成的,却比水还要寒冷。/所以木材经过墨线量过就能取直。/刀剑等金属制品在磨刀石上磨过就能变得锋利。

    说明:带出学习的重要性,先天本质可经后天学习而改变,学习可以增长智慧,加强品德修养。

4   论点:吾尝终日而思矣,不如须臾之所学也。

    意思:我曾经整天思索,却不如片刻学到的知识多。

5   a   "君子生非异也,善假于物也。"
        意思:君子本性与常人无异,只是能善用其后天所学而已。

	b 手法：比喻论证，通过提起脚跟站立、顺风而呼、驾车马、搭舟船的例子，表示君子不过能善用后天所学而已。	3	顺风而呼，声非加疾也，而闻者彰。
		4	假舆马者，非利足也，而致千里。
		5	为学成功与否，与人的学习态度相关，强调专心致志的重要性。
6	人不累计每一步，就无法走到千里之远。学习要脚踏实地，循序渐进地积累知识，让自己智慧澄明，具备圣人修养。	6	积水成渊，蛟龙生焉。
		7	驽马十驾，功在不舍。
		8	蟹六跪而二螯，非蛇鳝之穴，无可寄托者。
7	a 正反对比。		
	b 突出为学需有坚持不懈、刚毅不屈的态度，才可以克服困难。		

写作

教学建议

8 蚯蚓没有锐利的爪牙，却可以钻食土壤，是因为心思专一的缘故。／螃蟹虽有六跪二螯，但是如果没有蛇、鳝的洞穴，便无处容身，这是因为心思浮躁。

辩论稿一般都不是学生的强项。除了辩论稿需要极强的论证以外，辩论稿的语气也不容易掌握。老师不妨先让学生看看辩论比赛，感受其中的语感，并找出辩论员经常使用的句子，如"我方深信……"等。

说明：如果先天条件差，但是用心专一，永不放弃，也可以有成就。但是如果先天条件好，但是做事不专，终将一事无成。

9 人累积善利养成美德，就能达到心智澄明的境界，具备圣人的修养。

10 略

> **小提示**
>
> 老师可以让学生在课堂上做一次辩论，活动结束后做自我评估，看看如何改进。

课堂活动（一）

理清文章结构

1 青，取之于蓝，而青于蓝

2 金就砺则利

6.3 指导写作及文言文

学习目标

知识部分
- 理解文言虚词（于、乎、何、为、夫、以、因）的意义和用法
- 理解儒家的性善论与性恶论学说
- 认识道家学说

技能部分
- 准确解读、分析并综合两篇文章的不同观点
- 准确识别并解释文言虚词（于、乎、何、为、夫、以、因）的用法
- 准确整合并分析诸子百家的学说要点

引言

本单元会秉承"描述与叙述"及"议论与讨论"两个部分的内容，继续探讨不同风格的文言文。在知识部分会注重讲解文言虚词（于、乎、何、为、夫、以、因）的意义和用法，还会简单介绍道家学说。通过本单元的学习，学生可以进一步理解儒家的性善论与性恶论学说。

因材施教

建议学生以图表的形式来比较"性善"与"性恶"的内容。

小提士

有关荀子性恶学说的内容，请参考学生用书单元6.2。

指导写作

教学建议

在学生阅读短文一和二之前，老师可以利用导入活动的讨论部分引导学生对人性作较深入的探讨。如果学生能从文章的内容认识"人性"这一主题，提醒他们短文一和二的内容是同一主题的不同观点，让他们尝试把对人性的看法分成不同观点：性善与性恶。

指导写作参考答案

1.
   - 人性有两重性。
   - 既有善的一面，也有恶的一面。
   - 大多数人会说自己是好人；很少人会说自己是坏人。
   - 人做了好事，会有自我满足感。
   - 向往善是人的天性。
   - 人性有贪婪懦弱的一面。
   - 人本质上是自私的。
   - 利己重于利他。

2. - 中国人对陌生人，一般先持怀疑态度。
   - 西方人对素不相识的人，一般先假设是好人。
2. - 性善论与性恶论都是儒家学说。
   - 孟子提出性善论，相信人天生有善心。
   - 荀子主张性恶论，认为人生下来以生存为目的。
   - 孟子强调仁义，要求人在处事时保持其本心。表面上讲性善，实际上重在行事。
   - 荀子认为人多以自己的利益出发，只有通过教化才知道什么是正确的。
   - 孟子和荀子强调后天实践这一主张是一致的。
3. - 认识人性的两重性，对正确处理人际关系至关重要。
   - 当政治与社会状况相对比较安稳时，人对现实存有希望，较少发生乱事。
   - 当政局不稳，人心惶惶时，人们所感受到的是社会环境的险恶。

文化

孟子提出了性善论，认为性善可以通过每一个人都具有的普遍的心理活动加以验证。性善是有根据的，是出于人的本性、天生的，孟子称之为"良知"、"良能"。孟子认为道德层面的心性有着内在的仁义规定性。"性善说"是要建立道德价值根源的自觉心，孟子认为人的价值意识，是人内在的自觉心，不必向外追求，而又人人本有，故他说"万物皆备于我，反身而成，善莫大焉"。

荀子认为人的本性具有恶的道德价值，这是自然的，因此强调道德教育的必要性。

性恶论是指如果人只顺从自己的自然本性行事，会引起坏的结果。人的自然之性既有转化为恶的可能，也有发展为善的机会。

荀子和孟子一样，认为食色喜怒等是人的先天性情，是人情之所不能免，是人所共有的。但孟子把食色和仁义都看作是出于先天的人性；荀子则认为人性只限于食色、喜怒、好恶、利欲等情绪欲望，不论"君子""小人"都一样。至于仁义，则是由后天所学而获得的。荀子最终的目的是希望人能向善，是基于性善论而提出的。故在目标层面上，性恶论并不与性善论对立，因其最终目的是相同的。

文言文

教学建议

老师可以先布置一个情景让学生代入：学生放学回家时，在公共汽车上发现有人留下一部智能电话，当时四周没人，问学生面对此情此景他们会怎样做。这个活动的主要目的是要引起讨论，让他们各自说出处理的方法，并与他们讨论何为恰当的价值观和处理问题的手法，最后带出"路不拾遗"和"拾金不昧"这两个故事。

因材施教

电影播放后，老师可以安排学生进行小组或全班讨论，对于程度较高的学生，老师宜把握机会引导学生深入分析电影里的社会现象及社会意义。

练习答案

导读问题

1. 因为他担心家人会劝他把银子留下。
2. 第二天早晨他带着银子回到拾银子的地方，看见一个人回来寻找，便问他银子的数目和封存标记，回答全都符合，于是就把银子还给了他。
3. a 曾经　　b 恐怕　　c 京城
4. a 何岳／畏斋　　b 宦官
5. a 将拾到的银子还给主人
   b 丝毫没有动用寄放多年的银子，并寄还给主人。
6. 拾金不昧，尽管穷，也不为眼前利益动心。
7. "夫畏斋一穷秀才也"一句中的"穷"是文中的关键，将他的"穷"和他捡到的和寄存的金钱进行鲜明的对比，突出他拾金不昧的极为高尚的品格。
8. d

考试练习题参考答案

写作

略

单元七 快乐泉源
7.1 描述与叙述

学习目标

知识部分
- 解读、分析作者的写作意图
- 理解肖像描写的定义及其艺术效果
- 认识用典、顶真的定义及其艺术效果
- 认识建议书的写作格式
- 了解新加坡的华语

技能部分
- 准确解读辩题的关键词,及清晰组织辩论的内容
- 识别肖像描写、用典、顶真的用法及其艺术效果
- 准确分析、筛选、综合并利用辩论的内容来撰写文章
- 充分理解、并使用建议书的写作格式书写

引言

本单元主要是研习张道正的《杨丽萍:最大的舞台在心中》和林高的《未补上眼神的肖像》两篇文章。学生需要学习如何解读及分析作者的写作意图,此外还要理解肖像描写、用典、顶真的定义及其艺术效果。最后,学生需要综合及筛选课堂辩论的内容要点来撰写一篇鼓励学生多参与课外活动的建议书。

文章一、张道正《杨丽萍:最大的舞台在心中》

教学建议

本文的学习重点是肖像描写,老师在教授内容时应提醒学生注意分析使用肖像描写的部分。老师也可以安排学生按照文章里的描述把杨丽萍形象化地画出来。最后老师可以展示杨女士的近照作比。由于本文是节录篇章,因此篇幅较短,程度高的学生可以尝试把原文阅毕,并全面分析内容和结构。

因材施教

运用比喻和夸张进行肖像描写可以给读者想像的空间,也会让描写的人物形象更生动、更传神。例如鲁迅先生在《故乡》中,写豆腐西施是"凸颧骨、薄嘴唇,五十岁上下的妇人站在我面前,两手搭在髀间,没有系裙,张着两脚,正像一个画图仪器里细脚伶仃的圆规"。把张开的两脚比做画图仪器里细脚伶仃的圆规,生动的刻画了尖酸刻薄的"豆腐西施"杨二嫂形象。

> **小提示**
>
> **外貌描写和神态描写的区别**
>
> 　　外貌描写是对人物的体貌特征（包括人物的容貌、衣着、体型等）进行描写，以揭示人物的思想性格，加深读者对人物的印象。神态描写专指对脸部表情的描写刻画，描写时要用表示表情、神态的词语，例如：目瞪口呆、含情脉脉、和颜悦色等。

练习答案

导入问题

1　B

2　a　年近六旬的杨丽萍却宛若青春永驻；一袭素衣亮相，身段苗条，皮肤白皙，头戴着一顶小花帽，远远地看上去仍像一个少女；
有人惊讶于杨丽萍的每次出现都仿佛充满"仙气"；
窈窕的身形、绚丽的民族装束、让人过目不忘的手指甲。

　　b　略

导读问题

1　其舞蹈风格多源于自然和真实的生活；擅长将舞蹈中原本动态的艺术表现形式转化为静态。

2　因为她以"孔雀舞"闻名世界。

3　因为孔雀是我们民族的东西；这跟文化有很大的渊源。

4　看成像神一样；因为她认为期望青春不老是不现实的，她也会面对衰老和死亡。

5　杨丽萍以处之泰然的态度来对待成功。她表示自己只是"热爱舞蹈"，才下意识地在舞台上表演、传播舞蹈。

6　a　《孔雀之冬》。

　　b　作品通过孔雀垂死、死亡、涅槃、重生的过程，表达了她对于生命意义的叩问和思考。

7　留手指甲是舞蹈的需要，将身体的每一寸变化都融入到舞蹈之中；"长指甲在舞台上会有一种延伸的感觉，体现出了孔雀的灵动，是普通的手不能表达出的一种状态。"

8　她认为自己只是大自然中的一个生命，十分渺小。

9　i　她的舞蹈不限于孔雀舞，而是多样化的，她之所以特别喜欢孔雀是因为它是代表我们民族的东西。

　　ii　虽然她已经六十岁但她看起来仍然很年轻，永远保留着"孔雀公主"的本色，这也正好象征了她的艺术之路也长青不衰。

　　iii　舞蹈是发自内心的、一种很真诚的东西，这些都来自于生活的体验，也是历经生命的过程。

　　iv　她用"生逢其时"来形容自己成名的原因，这是谦虚之词。

> **文化**
>
> 　　中国舞历史悠久，传统的舞蹈如长袖舞，至少早在周初就存有记录。现在主要分为古典舞和民间舞两大类。古典舞又可分为雅舞和杂舞，雅舞用于国家大祭，是礼仪用舞。杂舞则是用作娱乐。中国舞蹈艺术在唐代达到了顶峰，但后来衰落了，现在有不少城市都有大型的仿唐歌舞表演。

文章二、林高《未补上眼神的肖像》

教学建议

本教科用书除了选用中港台作家的作品以外，也会使用其他华语地区的作品。本单元采用了新加坡作家林高的《未补上眼神的肖像》，借画肖像的眼神去抒发对人生的追求。老师可以结合文化部分的内容来教授，让学生对新加坡的华语有进一步的了解。

因材施教

如果学生对用典的理解不太清晰，老师宜连同引用一起解释。引用是指援引现成的语言材料，如名人语录、格言、成语、诗句、民谣等以表达自己的思想感情，增强表达效果的一种修辞手法。用典是指对前人的语句、神话传说、历史故事等典故的引用而言的。典故引用得恰当，可以增加词的容量，增强词的表现力，收到更好的艺术效果。

练习答案

导读问题

1 再不画，恐怕就要后悔了。
2 纯粹是为了倾诉，有点悼念的意味。
3 因为凡事都问有没有意义。
4 凡事从实际利益方面去考虑。
5 这句话用了设问，因为作者在提问后跟着回答"不是"。
6 它藏着一代人的情感，不是一个人的情感。
7 五官面貌好描，神，却老抓不准；下笔太轻或者过重，便缺失了什么；心情不同，样貌神情都会不同。
8 人们不用都被挤进某个偏僻角落互相瞪眼。人如能一级一级上去，心反而会更踏实，慢慢会蹬出希望来。
9 边缘人是指在人际方面孤独不合群，不合作，在群体不受欢迎甚至被无视的人。
10 国家大小事只要站在边上看热闹，照相的时候照到半个侧面，就算普天同庆了。
11 屈原早年受楚怀王信任，但由于自身性格耿直骄傲，加之他人谗言与排挤，屈原最终辞官离开郢都，流落到汉北。后来秦国攻破了郢都，屈原在绝望和悲愤之下怀大石投汨罗江而死。

互动口语

教学建议

在辩论赛进行前，老师宜在旁观察与指导学生商讨辩题的形式和路线，先找出几个有力的论点。由主辩同学把论点分配给其他副辩。各人除了要为自己的岗位准备有力的论据，还要准备构思如何反驳对方可能提出的论点。准备工作妥当后，各人再次聚集一起，向主辩简单汇报自己的准备结果，并作出适当的修正。

因材施教
建议安排辩论经验较少的学生做正方的主辩，而思维敏捷兼口才好的则放在二辩或三辩的位置上。

写作

教学建议

提醒学生写作部分他们是要以学生会会长的身份，撰写一篇建议书，鼓励学生多参与课外活动。撰写大纲以前必须清楚写作的文体格式、交流对象和写作目的。建议学生使用书中的图表清楚罗列重点，以助整合写作的内容。

7.2 议论与讨论

学习目标

知识部分
- 理解开门见山、以景结情和延伸作结的定义及其艺术效果
- 理解层递的定义及其艺术效果
- 理解沉迷追星带来的后果
- 认识漫画

技能部分
- 写作专栏文章
- 以开门见山手法写作文章

引言

在学习之余，如何保持一个平衡的生活，是这个单元的内容重点，人们深信平衡的生活模式是快乐的来源。本单元学习的两篇文章分别是梁锡华的《中学研究生》和丰子恺的《艺术三昧》，前者让中学生明白沉迷追星的害处，最终一事无成；后者说明艺术的诀窍和精义，让我们对艺术有更高层次的理解。另外，这里也会学习几种有关篇章结构的写作手法，包括开门见山、以景结情、延伸作结和层递的写作手法，从而提升学生的写作能力。

文章一、梁锡华《中学研究生》

教学建议

老师可以介绍不同年代、不同地区的明星，并与同学讨论一下各自不同的追星模式。对于学生来说，追星的目的是什么，要付出或牺牲什么，结果又是怎样的……等等，这些讨论都能引起学生的兴趣。

> **小提示**
>
> 老师也可以让学生搜集资料，看看一些追星的极端例子。

> **因材施教**
>
> 老师可以让学生上网寻找资料，从不同角度分析追星对年轻人的影响，可以是正面的，也可以是负面的。让同学做报告，从中训练学生的语言表达能力。

练习答案

导读问题

1. 电视艺员。
2. 中学生对这件事的认真态度。
3. B

4 "深造"是指加入或成立影迷会。影迷之间交换某某艺员的消息，写倾慕信和他或她接头，为对方开生日会，买鲜花，接送飞机。

5 他们会拿出几张照片，证明他曾与某某艺员握过手、磨过肩头或一起吃过生日蛋糕。

6 说明一般人与中学研究生之间的不理解及出现的隔阂。

7 老顽固或少书默。

8 无论你的研究做得如何，最后还是要生活，一味沉迷于研究电视艺员，对你的生活一点帮助也没有。（言之成理即可）

9 a 设问　　b 反问　　c 反问

10 事例论证。

11 有充裕的时间和金钱，还有锲而不舍的精神。

文章二、丰子恺《艺术三昧》

教学建议

《艺术三昧》主要是探讨艺术的诀窍和精义，重点是多样的统一。作者用排列苹果作为例子，以深入浅出的方法讲解这个抽象的道理。建议老师向美术课老师请教，收集更多类似的例子，务求把这个道理讲清楚。延伸部分讲到小我应该融入于宇宙全体的大我中，建议老师以切实的例子或个人生活经验与学生进行讨论。

因材施教

《艺术三昧》讲的层次很高，绝对不容易理解。它不是讲我们如何从艺术里得到快乐，而是我们如何理解艺术，这是一个对艺术认知的过程，所以我们把它当成一个楔子，让我们有一个机会讨论艺术。建议老师能通过不同的活动，例如参观画展、邀请艺术家做讲座或是专题研习，让学生从不同渠道认识艺术。对艺术有兴趣或这方面能力较强的学生可以担当小老师的角色，协助老师完成各种活动。

练习答案

导读问题

1 要统一，又要多样；要规则，又要不规则；要不规则的规则，规则的不规则；要一中有多；多中有一。

2 说明伟大的艺术品应该是融合不可分解的全体，讲的是整体美。

3 B

4 非画面浑然融合不可，而且充满生气。

5 多样的统一才是美。举例论证手法。

6 一有多种，二无两般

7 活泼的、活的、严整的、富变化的，等等；或其他合理的都可以接受。

8 a 感叹句　　b 设问句

9 小我的存在应该融入于宇宙全体的大我中。

因材施教

丰子恺的漫画表现出一种恬静的生活境界，建议老师从他的画作里找出一些表现生活志趣的作品与学生分享，写作能力高的学生可以做看图写作；语言表达能力强的学生可以做看图讲故事。反之亦然，务求通过这个活动训练学生的不同能力。

挑战题

文学作品评论并不包括在课程范畴里，但通过阅读诗歌，可以培养学生对文学作品的欣赏力，同时感受诗歌的音乐美，这也是一种习得快乐的途径。建议老师播放《雪花的快乐》一诗，让学生陶醉在其中，也可以找班上喜欢朗诵的学生即席朗读一遍，甚至老师亲自朗读。由于徐志摩的生平与作品有着莫大的关联，所以老师应该介绍一下这位作者。

7.3 指导写作及文言文

学习目标

知识部分
- 理解文言文"一词多义"的特色和用法
- 理解文言文《口技》的内容大要
- 认识中国传统杂技口技

技能部分
- 准确理解、识别并分析两篇文章的不同观点
- 准确理解、识别两篇文章的关键字词或句子
- 运用自己的文字，完成一篇指导写作
- 以口头报告的方式描述一个精彩表演

引言

这一单元的指导写作探讨广场舞出现的原因，并分析对其他人的影响。学生同样地要阅读两篇文章，根据指导写作的指引，识别两篇文章中的关键句子。文言文选了描述精彩表演的《口技》，即使到了今天，读者还可以通过文字，感受到表演的精彩之处。

指导写作

教学建议

广场舞应该对学生并不陌生。如果学生不太了解什么是"广场舞"的话，老师可以先放视频，让学生有初步的认识。对于住在中国的学生可以上实地课，直接访问跳舞的人。

在阅读两篇文章时，必须让学生以"带目标阅读法"来完成任务。学生在阅读前必须知道自己的任务是什么，在阅读时应以不同颜色的笔，把相关资讯找出来。

> **小提示**
>
> 老师可以和学生复习过去指导写作的技巧，如运用自己的文字来写作、组织大纲等等。

指导写作参考答案

1 a 中老年人娱乐方式单一，他们因为孤独寂寞，群体活动也深受他们的欢喜。

几个大妈经常一边跳舞，一边聊天，柴米油盐，孩子孙子，广场舞是一个社会的群体活动。

早期的广场舞多以社交舞为主，或者是具有地方色彩的舞蹈方式，例如扭秧歌等。

b 当高音喇叭遇上广场大妈，作为路人，不一定会喜欢参与这个活动。

c 大妈们跳广场舞，但是不要在太晚的时候跳，因为这个时段大家都刚吃完饭，想静下来休息。"他

们在不影响人的情况下跳舞，我是不反对的。"

d 近年来，社会经济高速发展，越来越多的年轻人很难有足够的时间陪伴自己的父母，广场舞成了他们交流和相互精神慰藉的一种方式。

e 每天最烦的不是大妈的舞蹈，而是被他们的歌曲洗脑，真受不了。
大妈反反复复播放，再配上音质不高的音响，令他们觉得特别心烦。
广场舞并非不好，只是噪声令人难以忍受。

f 居然有超过50%的受访者表示，如果大妈们能调整曲目，便能避免扰民。
如果大妈们只在远离住宅区的广场或公园跳舞，就可以避免扰民。
不少人觉得大妈们可以戴上无线耳麦跳舞，不仅能听清音乐，还不会干扰其他人。
每次跳操时就会适当控制音量，邻里之间至今都相安无事。

2 同上

文言文

教学建议

《口技》是文言文的名篇。通过文字，我们还可以感受到这个传统民间艺术的魅力。老师在教授的时候，可以先简单介绍这个表演的几个阶段：第一个是准备阶段，观众刚进场，表演者在准备；第二个是妇人一家的事情；第三是火起的经过；最后一个是表演结束，发现表演者只用一桌、一椅、一扇表演，让人印象深刻。

因材施教

老师可以用话剧的方式让学生把《口技》一文中的情节表演出来，让学生对课文的理解和印象更深刻。

参考答案

导读问题

1 a 一会儿，不久。
  b 紧接着。
  c 一会儿。

2 a 全场安静下来，没有敢大声说话的。
  b 即使一个人有上百只手，每只手有上百个指头，也不能指出其中的哪一种声音来。

3 a 大宴。
  b 厅事之东北角。
  c 一桌、一椅、一扇、一抚尺。
  d 宾客。

4 B

5 "微闻有鼠作作索索，盆器倾侧"隐隐听到有老鼠活动的声音，盆子、器皿歪倒了。／"妇梦中咳嗽之声"妻子在梦中发出了咳嗽声。

6 a 宾客都被吓得变了脸色，离开座位，捋起衣袖露出手臂，准备抢先跑掉。
  b 通过宾客的投入，凸显口技生动逼真，也间接描写了口技艺人的高超技艺。

7 首尾呼应，反复强调道具的简单，并突出口技表演者的高超技艺。

挑战题

1 词类活用。形容词活用为状语，远远地。
2 古今异义。古：渐渐，今：稍微
3 词类活用。名词活用为动词，喂奶。
4 古今异义。古：大腿，今：量词

考试练习题参考答案

1 书香不是桂馥兰熏、并不沁人脾胃。
2 精于目录版本之学、能负担搜访图书的任务、能摸清楚客人的路数，一有所获立刻专人把样函送到府上。
3 有店伙眼眼紧钉着你、有些书不裁毛边，干脆拒绝翻阅。
4 反语、讽刺哪些"收藏家"并非读书人，把书当作陈设，古董。
5 有人一看见书就哈欠连连，以看书为最好的治疗失眠的方法，而且有些人读的尽是一些猥屑的东西，并没有书卷气之可言。
6 a 宋真宗把书只当做敲门砖以遂平生之志。
　b 劝人读书尚友古人。
7 中：行吟泽畔的屈大夫，一邀就到／饭颗山头的李白杜甫也会连袂而来。
　西：想看外国戏，环球剧院的拿手好戏都随时承接堂会／亚里士多德可以把他逍遥廊下的讲词对你重述一遍。
8 如果沾染书癖，势必呆头呆脑，变成书呆，这样的人在人生的战场会大败亏输。
9 a 在这样的情况之下，读书人很难不嗜书成癖。
　　表示书贾的手段厉害，可以让读书人上瘾。
　b 表示不论是中西书籍都包装精美，满室琳琅。
　　运用反语，指那些买书不读的人只不过是一个收藏家，把书当作摆设。
　c 指通过读书可以跟古人交流。
　　读书可以尚友古人，即使杜甫李白等伟大作家都可以。

单元八 生活小百科
8.1 描述与叙述

学习目标

知识部分
- 重温详写和略写的作用
- 理解借物抒情和记叙线索的定义及用法
- 认识梅兰竹菊的文化象征

技能部分
- 准确理解、识别先抑后扬、借物抒情和记叙线索的用法
- 以口头报告准确、流畅地报告学校浪费的情况，并提供解决方法
- 运用借物抒情写作一篇抒情文

引言

课文选了颜昆阳的《小饭桶与小饭囚》和周涛的《麦子》。前者探讨了以前因为物质缺乏，大家都珍惜食物，而现在因为社会物质丰富，小朋友都变得挑吃拣喝，这种现象很普遍，学生应有共鸣感。另一篇范文歌颂平凡的百姓们，赞颂他们不怕牺牲、勤劳的一面。作者周涛长期在新疆一带居住，文章写起来别具少数民族的风味。

文章一、颜昆阳《小饭桶与小饭囚》

教学建议

在引入主题前，老师可以以导入活动中的表格，让学生以自己为例子，看看自己是不是作者所谓的"小饭囚"。老师在讲解课文之前，应解释所谓的"小饭桶"和"小饭囚"是什么意思。

老师可以将文章分为两个部分，前者描述了作者以前的生活，后者是现在社会的情况。老师可以跟学生重温"对比"的写作手法，并分析其作用。

因材施教

学生在单元六已经学过详写、略写的技巧，老师应在这里让学生重温这两个技巧，并分析其作用。

练习答案

导读问题

1. 突然眼睛发亮、叫着说："呀！田螺。"、她开始愉悦地诉说着、她仿佛经历三十年还余味犹存的舔舔嘴巴。

2. 女儿默默与儿子圈圈并坐在饭桌边、一盘田螺却只被吃掉了几个、孩子却苦着脸，说："妈，我们可以不吃了吗？"

3 现在的小孩只爱吃汉堡、薯条，以前小孩子喜欢田螺，会吃得津津有味。

4 体谅但也感到无奈。

5 没有漂亮洁净的餐厅、没有古雅的柚木饭桌、没有色香撩人的菜肴、瓜棚下摆着一条长板凳，凳面摆着一锅仿佛蚯蚓纠结的番薯签捞饭。

6 带出之后"在匮乏里，只有好好地运用自己的脑筋和手脚，才能挣到快乐"的讯息。

7 a 1950那个年代，母亲最大的烦恼是，要如何弄到更多的米菜，才能填满这一口一口仿佛无底的饭桶。现在的这个年代，母亲最大的烦恼是，究竟要变出什么花样，才能让孩子高兴地伸出筷子。

  b 对比，表现出现在的"小饭囚"衣食丰足，但是不珍惜食物。

8 a 作者不认同"小饭囚"们还没动脑筋，伸手脚，就已经有人把"快乐"盛在盘中，端到面前来。但是，他们却摇摇头说："够腻了！"

  b 因为他们不知道匮乏的滋味，丰足所带来的只是餍腻之后的反胃。

9 a 妻子对孩子的表现不满故意加以责怪。
    表示妻子的失望和无奈。

  b 他们迅速离开饭桌。
    表示如果没有新鲜感，"小饭囚"觉得吃饭有如惩罚一般。

  c 穿短裤、裸露上身的父亲，监察着孩子的举动。
    表示孩子们对食物的欲望，众人的眼睛都射向凳上的那碗酱烧鱼。

文章二、周涛《麦子》

教学建议

周涛的《麦子》写了作者对麦子的赞颂，老师在开始教授的时候可以让学生先复习借物抒情的手法，完成导入活动的练习。老师也可以引导学生思考作者以麦子比喻甘于平凡、甘于牺牲的平凡百姓是否合适。

另外，作者借麦子喻人，这种借物抒情的手法在中国文学中非常常见，老师应结合周敦颐的《爱莲说》（见"挑战题"），巩固学生对这个手法的认识。

因材施教

结构图能帮助不少学生理解课文。老师可以把作者直接抒情的句子找出来。如果有能力比较高的学生，可以让他们去把文章结构整理出来，跟同学分享。

练习答案

导入活动

2 麦子朴素、优美、忧伤、深刻、伟大。作者称颂那些像麦子一样平凡地生活着的人。

导读问题

1 过分、轻浮。

2 依旧保持了土壤的颜色，不刺目，不耀眼。

3   麦子还保持着耕种者的汗珠的形状，它是汗珠滴入土壤后的成熟。

4   有的民族在饭桌上面对面包时，会产生感恩的心情，感激这种赐予。还有的民族把麦穗作为了族徽，以表示某种崇信和图腾。

5   视觉：晶亮晶亮的水珠儿闪着光芒，渗进麦粒中间，慢慢升起一股淡薄的尘雾。
    嗅觉：有一点儿呛人，仿佛使人闻见去年的土地散发出的温热。

6   人类还是靠着麦子维持生命，麦子支撑地球上庞大众多的人群发明、创造等；不管人类已经进化到了何种程度，他们还在吃麦子。

7   "我真真实实地感到了我和这些麦子一样"。

8   麦子在水磨上被磨损，被咀嚼，被粉化／每一颗的麦粒都被压扁、挤裂、磨碎。

9   麦子带有朴素本色、忧伤但优美，就像平凡生活着的人一样。没有平民耕作，就没有麦子，人类文明也难以发展。

10 首尾呼应。首尾呼应使文章结构紧密，强调歌颂麦子的主题。

写作

要好好运用借物抒情的手法，就必须有良好的观察力，把要歌颂的对象和物品的特色找出来，并看看怎么串联两者的共同点。有人用粉笔来比喻老师，歌颂他们不辞劳苦，像粉笔无私贡献，让学生可以吸收知识；有人用小草歌颂劳动阶层，表现他们坚韧不屈的特点，这些都值得参考。

文化

在中国文化中，"梅兰竹菊"是一个非常重要的象征。老师应鼓励学生阅读有关的文学作品，如鼓励他们阅读陶渊明的诗歌，并在班上做口头报告。

8.2 议论与讨论

学习目标

知识部分
- 理解引用俗语开头和事例开头的定义及其艺术效果
- 理解养成科学头脑和过简朴生活的重要性
- 认识文房四宝

技能部分
- 准确运用俗语开头法写作一篇评论
- 把科学的头脑应用到生活上
- 掌握写书法的基础

引言

本单元选取了两篇科学性文章，分别是任鸿隽的《科学的头脑》和黄维樑《丰盛与简朴》。第一篇说明了科学的重要性和养成科学头脑的必要性；第二篇说明了现代生活的过度丰盛以致浪费，鼓励大家过一种简朴而快乐的生活。

这两篇文章写作背景和年代不同，但今天读起来还是很有参考价值。老师应指导学生理解引用俗语开头和事例开头的定义及其艺术效果。文化方面则介绍了文房四宝，希望学生在文化传承方面扮演一个体验者或参与者的角色。

文章一、任鸿隽《科学的头脑》

教学建议

《科学的头脑》这篇文章结构分明，是用了总分总的方式，应该不难理解。在二十一世纪，科技日新月异，生活上每时每刻都能接触到科学产品或与科学有关的概念，所以我们更加需要培养科学的头脑，建议老师集中讨论这个重点，鼓励学生在学习上、生活上都能学以致用，把科学的头脑落实到生活上。

延伸阅读

建议学生阅读尾嶋好美《厨房里有趣的科学实验》一书，书中的内容既实用又有趣，能切实把科学应用到生活上。

因材施教

从《厨房里有趣的科学实验》一书中找出几个例子，分组探究作者如何应用科学的头脑。

练习答案

导入问题

1. a 注重事实　　b 了解关系
   c 精密准确　　d 力求透彻
2. 略

导读问题

1 做现今世界的人，必须具有科学的头脑。因为科学改变了我们的生活情形，连我们的一言一动，思想行为也受到科学的支配。
2 C
3 B
4 不能，因为这些条件之间有层层递进的逻辑顺序。
5 比喻说明。说明养成科学的头脑要注重事实。
6 使抽象的道理具体化，令读者容易理解。
7 C
8 通过假设说明道理，当有人问你时间，你必须看一看表，然后讲出时、分甚至秒；当有人问你身长，你必须讲出公尺、公分甚至点几。
9 双重否定句。使语气更为强烈，加强了肯定的效果。

文章二、黄维樑《丰盛与简朴》

教学建议

每个同学各自写一篇生活日志，建议不记名，让学生可以畅所欲言。然后，同学交换阅读，在日志中找出其中个人认为是丰盛或简朴的生活模式，做下记号。最后，老师介入，做一个简单的图表，看看大家如何看待丰盛或简朴。由于各人观点不同，可能会出现不同的看法，大家最后尝试达成共识，并一起尝试过一种现代模式的简朴生活。

因材施教

基于学生们的家庭背景不同，大家的生活模式也会有一定的差异，老师可以建议学生从不同的途径去了解社会上不同阶层的生活状况，从而明白怎样才是一种简朴而快乐的生活模式。

练习答案

导入问题

1 a 和 b 没有标准答案，因地区性不同。
   c 多半吃不完。
   d 没有标准答案，因地区性不同。
2 略

导读问题

1 递进句式。说明酒菜的丰盛程度，让读者有深刻的感受。
2 猪牛鱼虾蔬菜糕点满溢。
3 从"食"和"衣"两方面进入讨论。
4 深度方面：祈求天气转冷，以炫耀几万元一件皮裘的地步；广度方面：香港人的"盛装"，不只在名流显贵的宴会上才出现，中区的丽人对衣着也很讲究。
5 衬托／正衬。指出香港人的衣着比巴黎和纽约这两个时尚之都更趋时，可见他们过着如何丰盛的生活。
6 精神方面的富裕。
7 藏品千万的博物馆一瞄就算了；一本诗集或小说集一读就忘了。

8   C

9   没有。因为物质上的丰盛并不能代表精神上的丰富，后者才是关键。

10 言之成理即可。

写作

因材施教

现代发明林林总总，建议在进入写作前，用一节课进行口头评论。鼓励学生把实物带到课室里，让讨论更活泼，也更有依据。

小提示

这个单元的课题比较生活化，建议老师多利用身边形形色色的素材，令教学更有趣及提升互动性。

文化

如欲对文房四宝有更多的认识和理解，可参考《梁实秋散文集》里的一篇文章《文房四宝》，作者在文中对文房四宝的历史和发展进行了深入的介绍。

8.3 指导写作及文言文

学习目标

知识部分
- 理解文言虚词（以、为、焉）及人称代词（之、其）的意义及用法

技能部分
- 准确解读、分析、比较并综合两篇文章对吃团年饭的不同观点
- 准确理解、识别文言短文《猩猩嗜酒》的内容

引言

短文一摘自新加坡作家黎紫书的《春满乾坤》，内容提及一家人在家吃年夜饭时发生冲突的经过，令人反思吃年夜饭的意义及传统的转变所带来的冲击。文言文部分会研读《猩猩嗜酒》，学习文言虚词及人称代词的意义及用法。

指导写作

教学建议

建议在阅读两篇短文前进行小组讨论，让学生们讨论吃年夜饭的意义和现在人们流行在哪里吃，这样有助学生更容易理解短文内容。

因材施教

对于程度高的学生，除了讨论上述问题外，还可以探讨年夜饭地点与形式的变化所带来的启示，和与文化潮流改变的关系。

文化

黎紫书（1971-），本名林宝玲，生于马来西亚，毕业于霹雳女子中学。她曾六次夺得马来西亚花踪文学大奖，是该奖举办以来获得最多大奖的作家，她亦数次赢得台湾联合报文学奖与时报文学奖，其著作包括长篇小说《告别的年代》，短篇小说集《野菩萨》、《微型黎紫书》、《天国之门》、《山瘟》、《出走的乐园》，以及以《明报月刊》专栏文章结集而成的《独角戏》等。

黎紫书的写作题材从童年经验跨越国族认同、历史文明。她的小说大多取材自成长过程、旅行经验与日常观察。她的小说里的人物，总是被一些不堪的回忆及现状和不安分的欲望捆绑着，像霸道的蔓藤，紧紧抓住老树不放。

指导写作参考答案

1. - 一定要等到人齐，完完整整的一家人。
   - 包括老中青三代人。
   - 家人顿时把小饭厅撑饱，房子里忽然人声鼎沸。

2
- 母亲忙着把菜肴一盘接一盘上桌。
- 一家人团聚一起吃一顿饭，感受一下节日的气氛。
- 中国人素有过年团聚的情结。
- 吃年夜饭是千百年来的传统。
- 年夜饭准备的过程是家庭成员联系感情的好机会。
- 聚在一起吃年夜饭的意义远超过吃饭本身。
- 吃年夜饭是为了吃出年味、团圆和浓浓的亲情。

3
- 在外面吃省心省力。
- 在外面吃人多又热闹。
- 父母一年到头都在忙碌，很少到外面品尝高档饭菜，出去吃是让老人家好好享受一下。
- 在外面吃比较贵。
- 在外面吃可能不好吃。
- 在家吃团年饭，热闹、健康。
- 在家吃团年饭显得更温馨。
- 在家吃家人就要奔忙准备。

文言文

教学建议

《猩猩嗜酒》是一个非常有意思的寓言故事，讲的是猩猩虽然知道眼前的陷阱，但是控制不了自己的贪念，于是全部被猎人捕获。故事教训我们要控制贪念，否则会跟猩猩的下场一样。

因材施教

如果学生在理解方面有困难，老师可以先让学生去理解文章最后几句。作者在文末直接把故事寓意说出来，指出贪念是猩猩被捕的原因。

小提示

对于比较活泼的学生，不妨让他们把故事改编为角色扮演，让他们把故事表演出来，增加课堂的趣味。

练习答案

导入问题

1 兽之好酒者也。
2 盍少尝之？慎无多饮矣！
3 不胜其唇吻之甘也。
4 醉则群睨嘻笑，取草履着之。
5 夫猩猩智矣，恶其为诱也，而卒不免于死，贪为之也。

导读问题

1 因为猩猩知道人类放的酒杯、草鞋都是引诱自己上当的。
2 因为他们始终抵挡不住酒的诱惑，以为谨慎一点、不喝多便没事儿。
3 a 放着　b （甘）甜　c 践踏
4 a 猩猩　b 草履　c 猩猩
5 a 喝醉以后，便在一起挤眉弄眼地嬉笑。
  b 没有一个能逃脱。

6　猩猩的。

7　"贪为之也",意思是最终还免不了一死,这是贪心造成的啊。

挑战题

老师可以鼓励学生自行寻找其他类似的文言故事,并向同学分享所学。

小提示

文言虚词和人称代词几乎在每一篇文言文都会看到,老师不妨和学生重温课本所有的文言短文,增强他们对文言虚词和人称代词的认识。

考试练习题参考答案

写作

略

学生作业参考答案

单元一 谁言寸草心

第一部分 语文运用和艺术手法分析

一

1. 盼望着
2. 解释
3. 写一点东西的必要了
4. 站住、站住

二

1. A   2. C   3. A
4. B   5. B   6. A

三

1. 举例论证：以文天祥这个历史人物的典型事例，论证"我们中国人是有骨气的"这一中心论点，具有一定的说服力。
2. 引用论证：直接引用文天祥的作品《正气歌》，以证明文天祥是一位"值得我们学习的"有骨气的民族英雄。

四

1. 首尾呼应
2. "横眉冷对千夫指，俯首甘为孺子牛"
3. 动作描写
4. "别人退休，是一种享受；她退休，可是一种折磨。"
5. 引用徐志摩《再别康桥》的诗句来抒发自己对外婆离别的不舍之情。
6. "留下的是一屋子的惆怅，过了这么长的时间，一点也不减那一屋子的惆怅"

第二部分 阅读理解

1. 当幼儿开始学走路、说话和认识世界。
2. 因为这是她生的孩子。
3. 母爱是无条件的，母亲代表自然世界，是我们的故乡，是大自然、大地和海洋。
   父爱是有条件的，父亲是思想世界，是法律、秩序和纪律等事物的世界。
4. 挑选与他最相像，符合他的要求，而且最值得他欢心的那个儿子。
5. 在辜负父亲期望的情况下，就会失去父爱。
6. 母亲的职责：从身体和心理上给孩子爱和关怀，给孩子一生活上的安全感。
   父亲的职责：教育指导儿女怎样为人处事，如何正视及对付他将来会遇到的种种困难。
7. 发展了一个母亲的良知，又发展了一个父亲的良知；树立起母亲与父亲的形象；成熟的人，他就是自己的父母，学会自立；把母亲的良知建筑在爱的能力上，把父亲的良知建筑在理智和判断力上。
8. a 后果
   b i 母体孕育孩子，每个人都是母亲生下的，因此把母亲比作我们的来源地，好比故乡。

ii 成熟的人应该同时具有跟父母亲同样高度的道德水平。

iii 母亲的良知建筑在爱的能力上，而父亲的良知建筑在理智和判断力上，要成为一个成熟的人，必须取得平衡，并且同时发展这两方面。

第三部分

一 指导写作

1 综合祖父母节中的活动

a 举办"全国祖孙嘉年华"活动，看到祖孙同乐画面。

b 举办"我最敬爱的祖父母选举"，邀请祖父母来到学校，学生在午饭时间时候分享一件祖父母为自己做过的感人事情。

c 邀请祖父／祖母跳"骑马舞"，带动现场气氛。

d 推动学校的"祖孙夏令营"等活动。

e 在学校的开学日让祖孙一起开学，让祖孙感情更加亲密。

2 解释中国人对"孝"的看法与祖父母节的关系

a 中国人讲究"孝"，《孝经》中说到："夫孝，德之本也，教之所由生也。"拥有孝道，就是有德行、有修养的表现。

b 活动能宣扬孝道，表扬祖父母，让大家都能够在每一天尊敬、欣赏我们的祖父母。

c 长者对我们的社会有莫大的贡献。他们刻苦耐劳，不求回报，应该值得我们的推崇和学习。

d 我们身边的祖父母，都在年轻的时候辛苦地养育我们的爸爸妈妈，甚至现在有祖父母因为爸妈需要工作所以带孙子的。

e 有人认为，我们之所以能够丰衣足食，有容身之所，都是因为祖父母不问回报的结果。

3 论述祖父母节带来的正面意义

a 订定"祖父母节"很有意义，让祖孙更亲密，家庭更和乐，社会更和谐团结。

b 有效地改善跨代关系，鼓励学生欣赏祖父母的德行。

c 社会上对敬老意识越来越薄弱。现在长者人口不断增长，但社会上对长者的关心似乎越来越少，甚至有虐老的新闻出现。

d 能鼓励学生重视孝道，追源溯本，并且鼓励学生能参加该校义工组所举办的活动。

e 政府表示，随着社会高龄化，祖父母与孙子或曾孙互动的机会也变少，现在有父亲节、母亲节，但没有祖父母节。

二 文言文

1 D

2 a 孔子　　b 顾炎武

3 a 地　　b 偏僻　　c 费用

4 a 作者认为做学问好像逆水行舟，不进则退。他也认为要有良好的学习态度、学习方法和好学的精神，才能把学问做好。

   b 作者主张世人读书时应该多与人交流意见，这样才可扩阔眼光，避免学识流于浅薄。此外，他也主张世人既要广泛学习，也要深入探究各种学问的知识，并且参照古人的典籍加以考证，这样才能明辨是非。

5 a 人们求学或做学问，不能天天上进，就会天天后退。
   b 来探求学问里面哪些是对的，哪些是不对的
   c 像孔子这样的圣贤，还须要好好学习，现在的人能不勉励自己好好学习吗？

6 a 倒装句。
   b 在只有十户人家的城镇中，必定有像我这样忠信的人。

7 作者运用了举例论证法来论述这个观点。作者以孔子为例，指出像孔子这样的圣人也仍然需要抱持好学的态度，从而引申说明普通人也应该具备好学的精神。

单元二　此心安处是吾乡

第一部分 语文运用和艺术手法分析

一

| 1 | A | 2 | D | 3 | B | 4 | C |
| 5 | B | 6 | A | 7 | C | 8 | D |

二

a A　b C　c C　d A
e B　f B　g A　h A

三

1 a 李洋欺骗过韦庭。难道韦庭会再相信他吗？
   b 老师不是已经跟家长说得清清楚楚了吗？
   c 这不就是大名鼎鼎的王博士吗？
   d 健康的身体，不就是跟饮食习惯有关的吗？

2 a 你应感受到母亲对你的照顾无微不至。
   b 这是王安忆的《长恨歌》。
   c 星期一，你在办公室里上班。
   d 他为你做了这么多事情，你应该感受得到。

四

1 运用黄庭坚的词："去国十年，老尽少年心。"来说明自己在短时间内"增添了许多岁月"。
2 运用了辛弃疾的《青玉案·元夕》中"蓦然回首"一句，指出自己在突然回头看自己以前的自己，在片刻间有所改变。

五

学生应从借事抒情方面分析，然后从比喻、反问等稍加说明。文章感情自然，老师应鼓励学生阅读原文，感受其中的感情。

第二部分 阅读理解

一 指导写作

1 他们是善良、隐忍、宽厚；由于身处民风淳朴的边塞的缘故。

2 因为爱意总是那么不经意地写在人们的脸上。

3 在年景不好的时候他们会为没有成熟的庄稼而惆怅；在亲人们故去的时候他们会抑制住自己的悲哀情绪。

4 随遇而安的平和与超然。

5 内心会有一种异常温暖的感觉。

6 因为是艺术的温床；事实性的事物和自然法则因冰冷的面孔而令人生畏。

7 一种是看不见摸不着，但能嗅到它的气息；另一种是只能仰望而无法将其攥入掌中。

8 a 不易改变；不带人情味。（言之有理即可）

　b i 表示神话和传说有丰富的内涵及艺术价值，有待挖掘。

　　 ii 长期阅读神话和传说，吸收当中的精华。

第三部分

一 指导写作

1 - 大城市"空城"现象逐渐缓解。
- 80后、90后的年轻人更愿意避开春节人潮。
- 留城过年成为一种越来越普遍的现象。
- 来自不同省份的员工，包着形状不同的饺子，相同的是他们脸上挂着的灿烂笑容和感动的心。
- 区领导与职工一起包饺子、吃饺子。
- 年轻人可以随大伙儿一起去看电影，去不同的地方玩一天。
- 有些地方气候温润，较舒服。
- 丰富多彩的节庆活动，如饺子宴和发红包。
- 有公司为员工提供景点门票，让他们带着家人好好游玩。
- 不少志愿者组织推出了很多针对外来务工者留城过年的志愿活动，例如为"小候鸟"们开办读书会、游学团等等。

2 - 回乡过年热闹。
- 回乡过年破费。
- 回乡过年传统年味浓。
- 留城过年自在。
- 留城过年冷清。
- 留城过年也有新乐子。
- 留城过年有助于降低春运的拥挤程度，减少交通压力。
- 留城过年是新趋势，得适应。
- 留城过年更加深入地融入城市，享受城市生活。
- 留城过年的人越多，越能减少劳动力市场的波动，让价格市场趋于稳定。

3 - 回乡过年阖家团圆是老传统，需要传承。
- 在中国人的情感深处，过年始终与"回家"联系在一起。

二 文言文

1 远法圣祖，近法孝宗。

2 a 铲除
　b 规劝
　c 陈述意见

3 对偶

4 在平常的朝会之余，再到文华、武英二殿设立朝会，以此效法古代内朝的制度；

大臣们每三天或是五天就请安一次；

侍从和台谏各一员上殿轮流奏对政事；

各部有事请示皇帝裁定，皇上依据所掌握的情况来裁决；

遇到有难于裁决的问题，就同大臣们当面商议。

5 虚心而问之，和颜悦色而道之。

6 a 皇上即使深居九重内宫，天下事情也都能够鲜明地全部展现在眼前。

　b 外朝制度是用来正君臣上下名分的，而内朝制度是用来沟通远近情况的。

7 因为尧舜时代，皆行禅让，帝位传贤不传子，自古被称为"太平盛世"。

8 略

单元三　千古风流人物

第一部分 语文运用和艺术手法分析

一

1 对比	2 对比	3 不是对比
4 不是对比	5 对比	6 对比
7 对比	8 不是对比	9 对比

二

1 H	2 B	3 F,G	4 A
5 F,H	6 A	7 C	
8 C,D,G	9 F,G		

三

1 当时李逵径去知县椅子上坐了

2 李逵直截了当坐上知县椅子上面，表现他霸道无理的一面。

3 大叫入来："梁山泊'黑旋风'爹爹在此！"／口中叫道："着两个出来说话，不来时，便放火。"

4 李逵喊叫自己名号，吓怕其他人，表现他横蛮无礼的一面。／李逵恐吓众人会放火，表现他霸道无理的一面。

5 若听得"黑旋风李逵"五个字，端的医得小儿夜啼惊哭，今日亲身到来，如何不怕！／廊下房内众人商量："只得着几个出去答应；不然，怎地得他去？"

6 通过描述县中人害怕李逵，突出他凶恶横蛮的性格。

四

1 各行各业，凡是勤奋不怠者必定有所成就，出人头地。

2 作者以怀海禅师和石溪和尚两位大师都坚持过着"勤"的生活，表示即使和尚也不会放逸懒惰的生活。

3 引用石溪和尚《溪山无尽图》的自题："懒而不觉，何异草木？"，表示过着饱食终日无所用心的生活，与植物无异。引用英文"vegetate"，比较石溪和尚的引言，表示中外对"勤"的想法一致。

第二部分 阅读理解

1 因为书生认为这个字谜颇为难猜，能猜出的也最少耗上半天，但黄蓉却不加思索，随口而答。对于书生这个表情的描写可以突出黄蓉的聪明才智，让读者感到讶异与佩服。

2 能在短短的时间内想出下联，可见其机智；下联的内容对书生进行了嘲笑，可见其调皮。

3 其实这个绝对是黄蓉的父亲当年对上的，黄蓉今天借用而已，由于是绝对，要立即对出下联也不容易，由于她早已知道答案，所以可以及时对出。

4 这是补叙。这样的安排比较有说服力，黄蓉虽是聪明，但也不能太夸张，这样的人物形象才真实。

5 书生两次被黄蓉嘲弄，却没有生气，可见其胸襟广阔，并且由衷佩服有本领的人。最后，实践承诺让路，可见他是一个守信用的人。

6 "他"指的是郭靖。郭一直保持沉默，与黄蓉形成一个对比，从而凸显黄蓉的机智。

7 第一、郭靖武功高强，书生不是他的对手。第二、黄蓉机智聪明、有急才，解答了书生出的难题。第三、书生守信用、重承诺，让他们通过。

8 魑魅魍魉（第10段）或履险如夷（第15段）。

第三部分

一 指导写作

1 - 政府并不是真心要做保育，以不可修复的清拆工作代替加固工作。
- 保育的成本往往较一般维修成本更高。
- 政府完全没有为历史建筑做记录，日后难以还原。
- 基金可支持的保育工作有限。
- 计划诱因不足。
- 民间保育团体在跟政府周旋期间感到疲惫：独力侦查旧文件；查证大厦结构和用料，对照当时建筑法例；追查涉事人士的背景。

2 - 政府直接进行清拆工作，漠视保育。
- 政府推卸责任，不想投入太多资源。
- 政府表现"非常傲慢"，不愿聆听民间意见。
- 民间表现积极，投入保育工作。
- 成立民间智库或专家小组等，全天候去监察古迹办的工作。

3 - 加强政府的管制威信。
- 下一代能感受到先祖遗风。
- 对过去的历史也有较深刻的理解与体会。
- 为休闲活动提供另类的选择。

二 文言文

1 因为赵国只知道有信陵君，不知道有魏王。赵国不把魏王放在眼里或看不起魏王。

2 姻亲关系。

3 B

4 魏国。

5 a 反复　b 假使　c 提供／供给

6 假使赵国没有平原君，或平原君不是信陵君的姻亲，即使赵国被灭，信陵君也一定不会去救援。

7 信陵君。

8 公私不分

9 以赵、魏两国唇齿相依的形势恳切地劝说魏王出兵；或以自己想与秦军作战而死的念头，死在魏王的面前。

单元四　只缘身在此山中

第一部分 语文运用和艺术手法分析

一

1 B　　2 A　　3 E　　4 D
5 B　　6 C　　7 E　　8 A
9 D　　10 C

二

1 白描　　2 细描　　3 白描
4 白描　　5 细描

三

1 举例说明
2 引用说明
3 分类说明
4 引用说明
5 分类说明
6 举例说明

四

1 D　　2 E　　3 C　　4 F
5 A　　6 G　　7 B

第二部分 阅读理解

1 作者看见槐树被撞断后渗出的汁液，还没等往下流淌，便冻结在树皮上。
2 把流出的汁液比喻为眼泪。
3 谁知、忽然、竟
4 绿枝奋力上扬，尖端恨不能穿云摩天。
5 写出古柳与国槐一样，即使残存，也顽强地抖擞着绿枝，继续它的生命拼搏。
6 带出一个"怒"字，有点题的作用。
7 无论是植物、人类，都可以用顽强的生命力去战胜难关。只要懂得这点，生命是不会轻易在灾难面前屈服的。
8 a 因为那种生命力是在被重创后再现蓬勃的现象，是超越邪恶灾难善美生命那不可轻易战胜的内在力量。
　 b i "蹿出"有向上跳的意思，表现绿枝奋发向上的一面。
　　　 ii 作者看到丰子恺的题字后突然觉得"怒"字有画龙点睛的感觉。

第三部分

一 指导写作

1 描述高校旅游的目的
- 人们已对一般的旅游景点感到乏味。
- 不少家长和学生都渴望感受名牌大学的文化氛围，体验其中的文化气息。
- 能提前让他们感受大学的生活。
- 能让他们有一个努力的目标。
- 名牌大学的校园环境不但美丽，一般还有着深厚的历史底蕴。

2 比较高校旅游对孩子的利与弊
利：
- 孩子从小体验大学的文化气氛，有助陶冶情操。
- 亲身觉得大学是追求真理、良知道义的地方。
- 孩子可以对大学有更多的认识，有了动机学习，学习兴趣会更大。

弊：
- 达不到真正教育学生的目的。
- 学生有可能因为父母的压力而讨厌学习。

3 论述高校旅游对大学的影响
- 游客的游览活动，往往影响了学校的安静气氛，打扰了师生的正常生活。
- 有来高校旅游的游客在校园里爬上一棵百年大树上拍照，导致不少树枝被折断。
- 高校旅游使大学的环境越来越差。
- 影响到大学的正常教学活动。
- 大学变成了一个娱乐场所，这是不合理的。

二、文言文

1 春天、月夜
2 桃花盛开如红雾，弥漫二十多里。
3 a 多次　b 迷恋着　c 怎么
4 a 今年春雪很多
　 b 都在朝日初升
5 C
6 花的姿态、柳的柔情、山的颜色、水的意味，都别有一番风味。
7 俗士
8 反问

单元五　格物致知

第一部分 语文运用和艺术手法分析

一

1 感叹句。说明父亲对弟弟深刻的怀念之情，热切盼望他的归来，充满了感染力。
2 真希望于勒在这只船上。语气比较平淡，失去了感染力。
3 第一人称。加强真实感、充满透视力、凸显人物性格

二

| 1 是 | 2 是 | 3 不是 |
| 4 是 | 5 不是 | 6 是 |

三

| 1 是 | 2 是 | 3 是 |
| 4 不是 | 5 不是 | |

四

1 岳灵珊苗条的背影、岳灵珊穿件湖绿衫子，翠绿裙子，林平之穿的是件淡黄色长袍，两人衣履鲜洁，单看背影，便是一双才貌相当的璧人。
2 他手按剑柄。
　一跤坐倒，过了好一会儿，他定了定神，慢慢站起。
3 不适用。
4 令狐冲胸口便如有什么东西塞住了，几乎气也透不过来。
　他和岳灵珊一别数月，虽然思念不绝，但今日一见，才知对她相爱之深。

脑中兀自晕眩，心想：我是永远不能跟他二人相见的了，徒自苦恼，复有何益？

第二部分 阅读理解

1. 他认为"别人的知识在我脑子里装得再多，也是别人的，不会是我的。"
2. 因为他的话指出了一个事实：那些轻易发表看法的人，很可能经常将别人的知识误解成是自己的，将过去的知识误解成未来的。
3. 希腊人；艾萨克·辛格的哥哥。
4. 因为人们在否定"看法"的时候，其实也选择了"看法"。
5. 任何一个命题的对面，都存在着另外一个命题。
6. 因为作家长时期的写作，使自己变得越来越软弱、胆小和犹豫不决。
7. 将作者一步一步地推到了深深的怀疑之中，使他逐渐地失去理性的能力，变得害羞和不敢说话。
8. a 因为真正的"看法"是无法确定的，或者说"看法"是内心深处迟疑不决的活动。

   b i 那些受人们颂扬的品德只在作品里出现，表示现实生活中难以找到。

   　ii 但我们陷入深深的怀疑时，会变得不敢发言，不敢表态。

第三部分

一 指导写作

1. - 考虑在家自学。
   - 送孩子到学校。

2. 在家学习利与弊
   - 没有固定校舍。
   - 没有固定课程。
   - 没有固定上课时间表。
   - 在家教育强调灵活教学。
   - 不能保证由父母所提供的在家教育是适合学生的。
   - 即使父母有其擅长之处，也不能保证恰当地教导所有科目。

   在校学习利与弊
   - 学校教育能大量培训人才，有着高效率的优点。
   - 考试是一种客观公平的考核方式。
   - 国家订立课程，限制了学生学习的内容。
   - 考试竞争无可避免地产生大量失败者，打击学生的学习信心。
   - 学校教育让学生及早适应社会的运作。
   - 学生学习在群体中生活。
   - 履行学生义务的同时多与他人相处并合作。
   - 有人认为学校的教育方式未能顾及到个别学生的学习需要，但学校的教育模式无疑是效率最高的。
   - 以测验和考试为评核方式的方法效率高，而且适合大部分学生。
   - 在应考的过程中学生要独自应付练习考核，也能训练他们的独立能力。
   - 学校的教育受教育局课程指引所规范，而教师则受过教育训练或具经验，因此教育质素相对稳定。

3
- 随着网络发展，网上出现很多自学群组或团体。
- 实验教育三法在 2014 年订立时，同时也订立了非学校型态教育方案的改革。
- 自从学校教育变成主流，加上免费教育实施以后，社会大众都会认为孩子必须到学校学习才行。
- 自学在当时的社会气氛，香港政府及普遍大众仍然无法接受。

二 文言文

1 达；通达。
2 学习古人作文的用意，不必拘泥于古文的字句。
3 B
4 现代衣服的圆领方襟，就是学习古人以树叶遮蔽身体的结果；现代食物的五味调理、煎熬烹饪，就是学习古人茹毛饮血的结果。
5 a 有人说　　b 我／作者
6 a 襟　　b 遮蔽　　c 专注
7 古人写文章，以能够表达心意思想为目标；而今人写文章，都注于辞藻雕琢，不重内涵。
8 a 不曾有所差别。
   b 用不能表达内心的方式学习通达的作法，这样可以说是学习古人写作文章的精神吗？

单元六　诸子百家

第一部分 语文运用和艺术手法分析

一

1　A　　2　B　　3　D　　4　D

二

1 习惯是慢慢养成的，在幼小的时候最容易养成。
2 清晨早起是一个好习惯，这也要从小时候养成。
3 作者写有些人从小就贪睡懒觉，一遇假日也不早起，结果上学时往往迟到，这些都是习惯造成的。
4 a 祖逖闻鸡起舞，刘琨枕戈待旦
   b 略

三

B 1　　C 6　　D 2　　E 4　　F 7

四

1 成功的关键并不在于顺境还是逆境。
2 逆境不一定能造就人才。
3 顺境不一定能造就人才。
4 成功的关键因素在于努力与否。
5 看看张海迪屋中成堆的书，看看陈景润脚下成摞的草稿纸；说明那些令人仰慕的成功者成功的原因在于他们在顺境中仍然勤奋钻研、苦练。
6 爱因斯坦指"成功等于艰苦劳动，加正确方法，加少说空话"；说明成功的关键因素在于努力与否。

第二部分 阅读理解

1. 许多蓬头垢面的娃子如分吃什么般聚坐在一起；桌椅是极简陋的，而且脏得露不出本色。
2. 前排的娃子极小，似乎不是上初三的年龄；后排的却已长出胡须，且有喉节。
3. 学生都没有书。
4. 作者记得自己上学的时候，开学第一件事，便是领书本，每天带书去上课。
5. 读书需要有书，正如做官要有官印，在作者看来这些都是理所当然的。
6. 学生不明老师为什么要和学校说，因为他们一直都没有书本，都是教多少，抄多少。
7. 当老师说"抄吧"的时候，学生们都纷纷拿出本子翻好，握着笔，等着老师。
8. a　结果，指有可能被罚。
    b　i　作者还没有准备好，只好硬着头皮进去。
    　　ii　老师按道理应该知道要教什么，表示他还没有准备好。

第三部分

一 指导写作

1. - 天道观方面，儒、墨两家皆强调爱。
   - 社会观方面，儒、墨两家皆言天志。
2. - 儒家以"仁"作为学说的核心。
   - 墨家以"兼爱"作为学说的核心。
   - 儒家主仁爱有等差，亲疏有别。
   - 墨家主张博爱，爱无等差。
   - 儒家主张厚葬久丧。
   - 墨家主张薄葬短丧。
   - 儒家认为生死有命，信天命。
   - 墨家主张非命，否定宿命。
   - 儒家对于鬼神之说，避而不谈。
   - 墨家主明鬼，承认鬼神的存在。
   - 儒家十分重视音乐教育的社会教化作用；
   - 墨家主张非乐，废除繁琐奢靡的编钟制造和演奏。
3. - 今天的教育方针仍推崇有教无类，因材施教。
   - 现今不少政府用人主张尚贤，不分贵贱，唯才是举。
   - 现在人们重视和平，不赞成开战，可见墨家的非攻在今天社会仍有积极的意义。

二 文言文

1. 已经立志做一个君子的人。
2. 志向还没有坚实的人。
3. 勤奋而且谦逊有礼之人。
4. a　退让　　b　等辈　　c　假若
5. 谦虚沉默自我持重，以无才能自居，坚定意志努力实行，勤奋求学，喜好请教；

   称赞别人的长处，并且责备自己的过失；

   学习别人的长处，并且能明白自己的短处；

   忠诚信实和乐平易，外表内心一致的人。
6. D

7 各位同学明白了这个道理，也可以知道为君子应勤于治学了。

8 顶真／连珠

单元七　快乐泉源

第一部分　语文运用和艺术手法分析

一

1 B　　2 A　　3 A
4 B　　5 A

二

1 C　　2 A　　3 B
4 A　　5 C

三

1 金、言、凿　　2 刀、影、离
3 庐、目、豆　　4 达、先、明
5 门、见、迁　　6 主、分、作
7 烟、散、勇　　8 交、耳、染

四

1 孔乙己"青白脸色""皱纹间时常夹些伤痕"，带出他生活饱经折磨，还会被欺凌侮辱。

2 "一部乱蓬蓬的花白胡子"是他年老又潦倒落魄的标记。

3 孔乙己被人揭穿他偷书后"涨红了脸，额上的青筋条条绽出"，非常尴尬。

挑战题

1 短衣帮：下层劳动人民，因为社会地位低下，在酒店里只能站着吃喝。

长衫客：以上层地主阶级、有钱人和读书人为主，在酒店里可以坐着慢慢享受酒肉佳肴。

2 作者特别表明孔乙己喝酒的方式及其服饰，简洁概括了孔乙己的特殊地位，既不属于咸亨酒店里的"长衫"主顾，又不同于地下阶层的"短衣帮"。

第二部分　阅读理解

1 作者指我们生活中受到不同的提醒，但是没有人提醒幸福。

2 幸福就是没有痛苦的时刻。

3 享受幸福是需要学习的，当幸福即将来临的时刻需要提醒。

4 金马车：幸福；金鬃毛：幸福流过的痕迹。

5 因为幸福是要靠争取的，不像灾难可能从天而降。

6 a 幸福不喜欢喧嚣浮华，常常在暗淡中降临。

b 贫困中相濡以沫的一块糕饼／患难中心心相印的一个眼神／父亲一次粗糙的抚摸／女友一个温馨的字条。

7 幸福的时刻不多，有时很短暂，要经常感到幸福，就要经常心里觉得自己幸福。

8 先用自己一无所有时也能觉得幸福，再用健康的身体、健康的心和曾经生活过的情景来表示幸福全在于主观的心。

第三部分

一　指导写作

1 -7届奥运会中国体育代表团共夺得163枚金牌。

- 许海峰实现金牌零的突破。
- 张小平夺得男子拳击轻量级冠军。
- 在北京奥运会上，拥有天时、地利、人和的中国体育健儿勇夺51金。
- 2008年首次称雄金牌榜。

2
- 有权威数据显示，中国代表团难以复制北京的奇迹。
- 面对这样的情况，央视也是呼吁放弃"唯金牌论"，享受"竞技体育之美"。
- 时至今日，中国竞技体育的角色和定位正在悄然发生着变化。
- 过去20年的"唯金牌论"，甚至有"千银不如一金"的说法，是不需要的。

3
- 中国更应关注中国体育健儿能否在奥运会上展示他们的实力和精神风貌。
- 中国人更应欣赏竞技体育之美。
- 中国人的体质正在明显滑坡，所以中国应该立刻转型和转轨，把重视竞技体育转变成重视全民健身。
- 强化国人体质和健康，提倡大体育和大健康的概念，让体育理念真正回归。
- 我们应该重新树立对奥运金牌的价值观，尤其需要改变的是"金牌总数重于一切"的价值观。

二 文言文

1 a 徐文长甚有才能。
   b 不肯付钱的将士。
2 a 讲定   b 答应   c 曾经
3 总是。
4 因此胡梅林公更加看重他。

5 一切奏疏、公文等，都请徐文长代笔。
6 a "膝语蛇行"，（将士）跪着说话，爬着走路，表示对胡公的尊敬。
   b 侧面描写徐文长有自信的一面。
7 A

单元八　生活小百科

第一部分 语文运用和艺术手法分析

一

1 略写；原因：不必详写，只是要点明中年男子和其他人不一样，引起读者注意。
2 略写；原因：不必详写，这只是情节发展上的承接，借以带出下一段重点。
3 详写；原因：必须详写，因为这才能让读者知道男子忧郁的原因以及体会结尾处，宽容的感动力量。
4 略写；原因：不必详写，只是把读者的目光聚焦到车窗外。
5 详写；原因：要详写，让读者清楚地看到男子的家人完全接受他。
6 略写；原因：略写比详写更有震撼力，让读者看到宽容的感人力量。

二

1 A   2 B   3 C
4 C   5 A   6 B

三

1 F   2 C   3 B
4 E   5 A   6 D

四

1. A 借物说理；通过说明莲花的特点，点出莲花是君子的代表，作者慨叹世人只知追求功名富贵，少有人追求道德修养。

2. B 借事说理；通过主角"我"经历的一件小事，赞美了人力车夫的高尚行为，表达了"我"经过自我反省，将在人生道路上奋进的心情。

3. A 借物说理；表面上是介绍落花生的特点，暗示人应该培养顽强的适应力、安分守己、不借助外力、谦虚、守本分等美德。

4. B 借事说理；以老教授"钓胜于鱼"的生活态度为话题，论人生在世，应专注于所从事的工作，培养对工作的热情和兴趣，不可斤斤计较利益或报酬。

5. A 借物说理；本文通过对蜜蜂辛勤劳作的赞美，启示人们在学习上和工作上要注意广泛求师，博采知识，并消化提炼，取其精粹，重新创造。

6. B 借事说理；说明人与动物的不同之处，在于人还有追求美善、渴望真理的灵智。

第二部分 阅读理解

1. 两个叙述者，分别是第一、三段的余美丽和第二、四段的叶蓁蓁。

2. 余美丽的名字庸俗，有一种自我吹嘘的含义；叶蓁蓁的名字纯朴，充满自然美。

3. 余美丽：一个生活忙碌、思想肤浅的已婚女士，重视社会阶层，重视物质，热衷于生活上的琐事，爱热闹，爱讲是非、爱批评别人，以经济地位、社会贡献衡量人的价值；叶蓁蓁本来是一名教师，后来放弃了安稳的教职，甘于平淡，穿着随便，不修边幅，生活随心随性，不随波逐流，热爱自然生命。

4. 言之成理即可。

5. 余美丽为了请客，要买一套新的。叶蓁蓁的唯一的饭碗里曾经死了一条金鱼，影响自己吃饭的胃口，所以丢了，现在必须买一个新的。

   余美丽要买一套适合春天的墨绿色的粉彩芙蝶餐具；叶蓁蓁只想随便买一只粗碗。

6. 余美丽和叶蓁蓁代表两种截然不同的生活态度，通过她们对买碗的不同态度，说明前者的入世庸俗和后者的出世脱俗。

7. 余美丽和叶蓁蓁二人过去和现在的情况，这种今昔对比突出二人的转变。／二人买碗的原因和对碗的要求，亦有强烈的对比，突出二人不同的生活态度。／二人的生活态度亦有极大的对比，余美丽重物质享受，而叶蓁蓁则追求自由的生活。（任选其二）

8. 透过二人的心理独白，充分表现出人物的内心世界；

   每段以"我"为视觉焦点，分别代表余美丽和叶蓁蓁二人；四段独白在不同的时空出现。（以上任选两项）

9. 两种碗分别象征不同的生活态度；金鱼象征失去自由的生活；二人的名字象征她们的性格；云象征了自由。（任选其二）

第三部分

一 指导写作

1. - 基因工程、基因修饰生物和食物的研究还有许多未知，而目前的知识也不足以预测其后果。
   - 举凡基因组定序、基因剪接、细胞融合、复制技术、基因改造有机体释放到自然界等，皆面临了科学高度复杂性与不确定性的问题。

2. - 解决或舒缓因人口急速增加而出现粮食供应不足的问题。
   - 减少农药的使用，可降低生产成本。
   - 减少环境污染。
   - 在恶劣环境下依然可以生产农作物。
   - 延长产品的储存期限。
   - 改善原产品的品质、形状、味道和颜色。
   - 提高食物的营养素。
   - 新品种的出现。
   - 食品的危险性，影响健康。
   - 抗药的基因释出会产生超级抗药性，人体一旦感染，便没有抗生素可用。

3. - 违反生命进化的原则。
   - 破坏地球物种生态平衡。
   - 人类对食品安全的顾虑。
   - 对人体健康的影响。
   - 冲击全球动、植物与人类的生存领域。

二 文言文

1. 艾子与弟子通和执郊游，艾子非常口渴，于是叫执去田舍向农家求水。

2. 执：为人执着、认真、不懂变通。"通"：通达变通。

3. 执是理想主义者；通是现实主义者

4. a 最后通拿到了水，这说明具有变通能力才是生存之道。
   b 同意或不同意皆可接受，言之成理即可。

5. 古怪的老父象征着荒谬的世俗力量，世人为了迎合他只能扭曲真相。

6. a 非常
   b 书

7. 老者很高兴，把家里酿造的最好的水浆拿出来给了他（通子），艾子喝了之后觉得很可口。